Maîtriser la conception UX

Explorer les tendances futures et maîtriser
le processus

Écrit par Louie Hawking
Edité par Cornell-David Publishing House

Indice

est crucial

4.1 Le rôle des wireframes dans la conception UX

Que sont les wireframes ?

4.5 Communication des concepts de conception aux parties prenantes

Choisir le bon format de communication

Principes directeurs pour communiquer efficacement les concepts de conception

1. Connaissez votre public

2. Soyez clair et concis

3. Racontez une histoire

4. Utilisez des visuels pour soutenir votre message

5. Soyez prêt pour les questions et les commentaires

6. Suivi

Démontrer la valeur de votre conception

Chapitre 5 : Tests et validation des utilisateurs : garantir l'utilisabilité et la satisfaction

5.1 L'importance des tests utilisateurs et de la validation

5.2 Méthodes de test utilisateur

5.2.1 Test utilisateur modéré

5.2.2 Test utilisateur non modéré

5.2.3 Tests de guérilla

5.3 Tests utilisateurs : bonnes pratiques

5.4 Quantifier la satisfaction : mesurer le succès

5.4.1 Échelle d'utilisabilité du système (SUS)

5.4.2 Net Promoter Score (NPS)

5.4.3 Taux d'achèvement des tâches et temps consacré à la tâche

5.5 Conclusion

5.1 Planification et réalisation de sessions de test utilisateur

5.1.1 Définition des objectifs de test utilisateur

5.1.2 Identifiez vos utilisateurs cibles

5.1.3 Sélectionnez votre méthode de test

5.1.4 Créer un plan de test

5.1.5 Conduite de la session de test utilisateur

8.1 Les principes de la conception inclusive

1. Reconnaître la diversité et l'unicité

Stratégies:

2. Concentrez-vous sur la convivialité et l'apprentissage

Stratégies:

3. Offrir des expériences équitables

Stratégies:

4. Soyez flexible et adaptable

Stratégies:

5. Favoriser les connexions émotionnelles

Stratégies:

6. Tenez compte de la sensibilité culturelle

Stratégies:

8.2 Conception pour l'accessibilité et la diversité des utilisateurs

Pourquoi concevoir pour l'accessibilité est important

Principes de conception accessible

Perceptible

Opérable

Compréhensible

Robuste

Conseils pratiques pour concevoir pour divers utilisateurs

8.3 Conception universelle et interfaces adaptatives

Qu'est-ce que la conception universelle ?

Les sept principes de la conception universelle

Interfaces adaptatives

Composants clés des interfaces adaptatives

Conclusion

8.4 Surmonter les obstacles à l'inclusion dans la conception UX

8.4.1 Identifier et comprendre les obstacles communs

8.4.2 Stratégies pour surmonter les obstacles à l'inclusion

8.4.2.1 Renseignez-vous et informez votre équipe

8.4.2.2 Mener une recherche approfondie sur les utilisateurs

8.4.2.3 Développer des personnalités diverses

8.4.2.4 Donner la priorité à la convivialité et à l'accessibilité

8.4.2.5 Rechercher des commentaires et itérer

8.4.3 Conclusion

8.5 L'impact social de la conception inclusive

8.5.1 Accessibilité et convivialité

8.5.2 Représentation et équité

8.5.3 Construction communautaire

Chapitre 9: Considérations éthiques dans la conception UX - Équilibre entre technologie et humanité

9.1 L'importance d'une conception UX éthique

9.2 Le cadre du concepteur UX éthique

9.3 Défis éthiques dans la conception UX

9.4 Équilibre entre technologie et humanité

9.5 Conclusion

9.1 L'éthique de la collecte de données et la confidentialité

L'importance croissante de l'éthique des données dans la conception UX

Considérations éthiques clés dans la collecte de données et la confidentialité

1. Transparence et consentement

2. Minimisation des données

3. Sécurité et protection

des utilisateurs

1. Développer un manifeste des droits des utilisateurs

2. Mener un audit éthique

3. Intégrer l'éthique et la confiance dans la recherche d'utilisateurs

4. Conception pour la transparence et le contrôle

5. Encouragez la prise de décision éthique

6. Itérer et améliorer

9.5 L'avenir des pratiques de conception éthiques

9.5.1 Conception responsable par le biais de principes éthiques

9.5.2 La démocratisation du design

9.5.3 IA et apprentissage automatique dans la conception éthique

9.5.4 Accent accru sur la confidentialité et la sécurité des données

9.5.5 Former les designers aux pratiques éthiques

9.5.6 Réflexions finales

Chapitre 10 : La prochaine frontière : prédictions et possibilités pour la conception UX

L'essor de l'intelligence artificielle dans la conception UX

Interface utilisateur vocale (VUI) et interface utilisateur conversationnelle

Réalité virtuelle et augmentée

L'éthique du design UX : design responsable et inclusif

L'importance croissante de la conception émotionnellement intelligente

Évolution et apprentissage continus

10.1 L'impact de l'intelligence artificielle sur la conception UX

10.1.1 Personnalisation basée sur l'IA

10.1.2 Interfaces conversationnelles

10.1.3 Analyse prédictive

Chapitre 1 : L'évolution de la conception UX

La conception de l'expérience utilisateur (UX) a connu une évolution significative au cours des dernières décennies, affectant à la fois le paysage commercial et l'industrie du design. Ce chapitre explore l'histoire de l'UX Design, ses étapes clés, les forces motrices qui ont conduit à sa proéminence et les premières approches qui ont ouvert la voie aux meilleures pratiques UX d'aujourd'hui. Comprendre comment l'UX Design a évolué et s'adapter aux futures tendances est crucial pour devenir un maître dans le domaine.

Les origines de la conception UX

L'UX Design, en tant que concept, existait bien avant de devenir une discipline largement reconnue. Les germes de l'UX Design remontent à la révolution industrielle lorsque la production de masse de biens de consommation a souligné l'importance de la convivialité et de la conception centrée sur l'humain.

Au début des années 1900, des ingénieurs industriels comme Frederick Winslow Taylor et Frank et Lillian Gilbreth ont commencé à explorer comment la conception des flux de travail et l'organisation des espaces physiques pouvaient avoir un impact sur la productivité et la satisfaction des travailleurs. Leurs recherches ont jeté les bases de ce qui allait devenir l'ingénierie des facteurs humains (HFE) et l'ergonomie modernes.

Émergence de la psychologie cognitive et de l'interaction informatique

Bien que limités dans leur portée, les travaux des premiers ingénieurs industriels ont préfiguré les principes actuels de l'UX Design, qui visent à créer des produits et des systèmes qui fonctionnent efficacement et répondent aux besoins des utilisateurs.

Au cours des années 1950 et 1960, l'émergence de la psychologie cognitive et de la théorie du traitement de l'information a commencé à remodeler le paysage. La disponibilité et la capacité croissantes des ordinateurs numériques ont déclenché le besoin de recherche sur l'interaction homme-machine (HCI).

Des pionniers comme Paul Fitts, qui avait auparavant travaillé sur l'ergonomie physique, ont commencé à explorer comment les gens interagissaient avec les interfaces informatiques. La loi de Fitts, qui prédit la courbe d'apprentissage humain pour les interfaces, est devenue l'une des pierres angulaires du HCI.

À cette époque, les travaux du psychologue Donald Norman sur les sciences cognitives, l'ingénierie de l'utilisabilité et la conception centrée sur l'humain ont encore souligné l'importance de la conception pour les humains. Son livre "The Design of Everyday Things" a démontré de manière convaincante l'importance de la convivialité dans la conception de produits, et il a ensuite inventé le terme "User Experience".

La naissance du design UX en tant que discipline

Dès les premiers jours de l'informatique numérique, il était clair que les humains devaient être au centre du processus de conception pour utiliser efficacement ces nouveaux outils numériques. Lorsque l'ordinateur personnel est devenu largement accessible dans les années 1980, les entreprises ont réalisé qu'une approche centrée sur l'utilisateur était essentielle à leur succès. Cela a marqué le début de la conception centrée sur l'utilisateur (UCD) et l'essor de la conception UX en tant que discipline.

Le Macintosh d'Apple, lancé en 1984 avec son interface utilisateur graphique (GUI), a établi une nouvelle norme pour l'informatique personnelle conviviale. De plus, de nouveaux progiciels pour la publication assistée par ordinateur et les graphiques ont accru le besoin de concepteurs et d'artistes dans l'industrie technologique.

Au cours des années 1990, l'essor du World Wide Web et, plus tard, des téléphones mobiles a élargi la portée des interfaces numériques et fait de l'UX Design une nécessité. Ceci, à son tour, a conduit au développement de diverses méthodes de conception, telles que la conception d'interaction (IxD), l'architecture de l'information (IA) et la conception visuelle.

La maturation de la conception et des approches UX

Au fur et à mesure que le paysage numérique s'étendait et que l'importance de l'UX Design devenait plus claire, de nouvelles techniques et approches ont commencé à émerger :

- **Évaluations de l'utilisabilité** : des entreprises comme IBM et le groupe Nielsen Norman de Jakob Nielsen ont fermement établi l'importance des évaluations de l'utilisabilité dans le processus de conception de produits numériques. Cela a conduit à une variété de méthodes - évaluations heuristiques, procédures pas à pas cognitives et tests d'utilisabilité - visant à identifier et à résoudre les problèmes d'utilisabilité dès le début du processus de conception.
- **Conception centrée sur l'utilisateur (UCD)** : La norme ISO 9241 pour l'ergonomie de l'interaction homme-machine a encore renforcé le développement de l'UX, reconnaissant la conception centrée sur l'utilisateur comme un composant essentiel. UCD a mis l'accent sur des méthodes de recherche et de mesure cohérentes tout au long du processus de conception, en se concentrant sur la compréhension des besoins et des préférences des utilisateurs.
- **Agile et Lean UX** : Au fur et à mesure que les méthodes de développement logiciel évoluaient et adoptaient les méthodologies Agiles, les concepteurs UX ont adapté leurs processus pour qu'ils soient plus flexibles, itératifs et conformes aux principes Agiles. Lean UX, une approche plus rationalisée de la conception UX, est apparue comme un moyen de fournir de la valeur aux utilisateurs rapidement et à moindre coût.
- **Évolution des méthodes de recherche UX** : L'UX Design a évolué au-delà de la simple évaluation des interfaces, s'orientant vers une approche plus

globale et systématique. De nouvelles méthodologies de recherche, telles que l'ethnographie, les études de journal et le tri des cartes, ont commencé à s'imposer, donnant la priorité à la collecte de données empiriques pour éclairer le processus de conception.

- **Prolifération des rôles d'UX Design** : Au fur et à mesure que l'UX Design mûrissait, le nombre de rôles spécialisés au sein de la discipline augmentait. Les concepteurs d'interaction, les architectes de l'information, les chercheurs UX et les stratèges de contenu ont fait de la conception UX un domaine multidisciplinaire.

Conception UX aujourd'hui et tendances futures

Aujourd'hui, l'UX Design est devenu un élément essentiel dans le développement de produits numériques, façonnant des entreprises entières et transformant les interactions des utilisateurs. De nombreuses entreprises ont élargi leur compréhension de l'UX Design au-delà de la simple fabrication de produits fonctionnels et esthétiquement attrayants, soulignant son rôle vital dans la création d'expériences agréables et la fidélisation de la clientèle.

À mesure que nous avançons, maîtriser le processus de conception UX nécessite de s'adapter aux technologies et tendances émergentes, telles que :

- **Conception UX pour les assistants vocaux et les chatbots** : la prévalence croissante des assistants vocaux et des chatbots alimentés par l'IA a élargi la définition d'une interface utilisateur, poussant les concepteurs UX à envisager de nouvelles stratégies et approches pour l'interaction avec l'utilisateur.

- **Conception émotionnelle et empathie** : définir une expérience utilisateur émotionnellement résonnante et percutante va au-delà de la garantie qu'un produit est fonctionnel et convivial. Les UX Designers sont de plus en plus sollicités pour prendre en compte les états émotionnels et les réactions des utilisateurs pour créer des expériences réellement agréables et favorisant des liens durables avec les marques.
- **Conception accessible et inclusive** : S'assurer que les produits numériques sont accessibles aux utilisateurs ayant un éventail de capacités est essentiel pour des raisons à la fois éthiques et commerciales. La conception inclusive va au-delà du respect des directives d'accessibilité, obligeant les concepteurs UX à s'engager activement avec divers groupes d'utilisateurs tout au long du processus de conception.
- **Conception UX pour les technologies émergentes** : la réalité augmentée, la réalité virtuelle et l'Internet des objets inaugurent progressivement une nouvelle ère d'interaction homme-machine. Les concepteurs UX doivent rester à l'écoute de ces évolutions et adapter leurs processus, méthodes et compétences en conséquence afin de rester à la pointe de la discipline.

1.1 Les origines de la conception de l'expérience utilisateur

La conception de l'expérience utilisateur (UX), dans sa définition la plus simple, vise à améliorer la satisfaction des utilisateurs en améliorant la convivialité, l'accessibilité et le plaisir procurés dans toutes les interactions entre les utilisateurs et un produit ou service. Ce domaine relativement jeune - du moins en tant que pratique professionnelle reconnue - a des racines qui remontent loin dans l'histoire humaine, où les gens se sont toujours efforcés de créer des outils plus confortables, utilisables et intuitifs pour l'amélioration de leur vie.

Pour bien comprendre les origines du design UX, explorons d'abord les différentes disciplines qui ont ouvert la voie à son développement, puis décrivons quelques étapes clés de l'histoire qui ont conduit à la création de ce métier aux multiples facettes et essentiel.

Disciplines clés influençant la conception UX

La conception UX est une discipline intersectionnelle, tirant ses connaissances et son inspiration de nombreux domaines différents. Ceux-ci inclus:

1. **Ergonomie et facteurs humains** : axée sur la conception d'outils et d'interfaces adaptés au corps humain, à l'esprit et aux principes de perception, l'ergonomie a été un point de départ essentiel pour la conception UX. Ce domaine est souvent désigné comme la première application pratique de la psychologie à la vie des gens.

2. **Interaction homme-machine (HCI)** : première discipline de l'informatique, HCI a fusionné les domaines de l'informatique, de la psychologie cognitive et de l'ingénierie pour étudier et concevoir les moyens par lesquels les utilisateurs peuvent interagir plus efficacement avec les systèmes informatiques.

3. **Design industriel** : Le domaine du design industriel se concentre sur la création de produits et de systèmes fonctionnels qui sont visuellement attrayants et pratiques. Les designers industriels ont toujours pris en compte les besoins et les désirs des utilisateurs lors du développement de leurs produits, contribuant ainsi à jeter les bases des principes de conception UX.

4. **Psychologie cognitive** : La psychologie cognitive étudie la façon dont les humains traitent l'information, perçoivent leur environnement et résolvent les problèmes. Les principes fondamentaux de la psychologie cognitive, y compris les modèles mentaux, la mémoire, l'attention et le raisonnement, ont eu un impact significatif sur le développement de la conception UX.

5. **Conception graphique** : L'harmonie visuelle, l'esthétique et l'efficacité de la communication de la conception graphique ont contribué aux considérations des concepteurs UX lors de l'élaboration de l'attrait visuel et de la lisibilité des interfaces.

6. **Design d'interaction** : Discipline centrée sur la définition de la structure et du comportement des systèmes interactifs, le design d'interaction joue un rôle important dans l'expérience utilisateur. Il vise à créer des relations significatives entre les utilisateurs et la technologie en concevant des interactions engageantes, intuitives et accessibles.

Pionniers et jalons de l'histoire de l'UX

Plusieurs personnes et jalons clés à travers l'histoire ont considérablement influencé le développement de la conception UX. Certains des plus notables incluent:

1. **Leonardo da Vinci (1452-1519)** : Les études de Da Vinci sur l'anatomie humaine, les proportions et l'ergonomie ont jeté les bases de nombreux principes de conception modernes. Son célèbre dessin, l'Homme de Vitruve, illustre l'importance de la proportion et de l'équilibre dans la conception.
2. **Frederick Winslow Taylor (1856-1915)** : Connu comme le père de la gestion scientifique, Taylor a travaillé avec diligence pour optimiser les processus industriels pour une productivité maximale. Ses études temps-mouvement et ses principes d'efficacité ont jeté les bases de l'examen de la manière dont les gens interagissent avec les machines et les systèmes.
3. **Walt Disney (1901-1966)** : les idées innovantes de Disney pour créer des expériences immersives dans les parcs à thème, comme Disneyland, ont montré l'importance de concevoir des expériences en anticipant les besoins et les désirs des utilisateurs.

Son intérêt pour la narration et la conception centrée sur l'utilisateur a fait de lui l'un des premiers pionniers de la conception UX.

4. **Henry Dreyfuss (1904-1972)** : Designer industriel, Dreyfuss a souligné l'importance de l'ergonomie et de la conception en pensant à l'utilisateur. Ses travaux sur la conception de téléphones, tels que le Western Electric Model 500 et le Princess Telephone, étaient d'excellents exemples de conception centrée sur l'utilisateur.

5. **Don Norman (1935-Présent)** : Psychologue cognitif, Don Norman a inventé le terme "expérience utilisateur" et a contribué à mettre le domaine au premier plan. Son livre, "The Design of Everyday Things", reste un classique de la conception UX, prônant des principes de conception centrés sur l'utilisateur et la compréhension de la façon dont les utilisateurs pensent et se comportent.

6. **Alan Cooper (1952 à aujourd'hui)** : Connu comme "le père de Visual Basic", Cooper a introduit le concept de "personas", qui aide les concepteurs à se concentrer sur des groupes d'utilisateurs spécifiques lors de la conception de produits. Son livre, "About Face : The Essentials of Interaction Design", est un autre ouvrage phare dans le domaine de la conception UX.

Le World Wide Web et au-delà

L'émergence du World Wide Web au début des années 1990 a marqué un tournant dans le développement de l'UX design. À mesure qu'Internet devenait plus répandu, il est devenu essentiel que les sites Web et les applications Web soient conviviaux et faciles à naviguer. Ce besoin a conduit à l'établissement du design UX en tant que profession reconnue, et la demande de designers UX n'a cessé de croître depuis.

Aujourd'hui, la conception UX s'est étendue au-delà de la simple conception Web et englobe l'ensemble du monde numérique, des applications mobiles aux expériences de réalité virtuelle. Alors que la technologie continue d'évoluer rapidement, les concepteurs UX doivent suivre les dernières tendances et adapter leurs compétences pour garder une longueur d'avance.

Conclusion

Les origines de la conception de l'expérience utilisateur peuvent être retracées à travers l'histoire humaine, à travers des jalons et des pionniers, et dans plusieurs disciplines qui se chevauchent. En conséquence, la conception UX est un domaine en constante évolution, englobant une gamme variée d'outils, de techniques et de méthodologies. En comprenant ses origines, nous pouvons mieux apprécier la diversité du paysage de la conception UX et continuer à façonner l'avenir de la technologie, en gardant les utilisateurs au centre du processus de conception.

1.2 L'essor des interactions numériques

Au cours des dernières décennies, le monde a connu un changement radical dans la façon dont les gens interagissent avec leur environnement, grâce à l'avènement des technologies numériques. Les interactions numériques font désormais partie intégrante de nos vies, influençant et façonnant nos expériences dans divers aspects tels que les communications, les affaires, l'éducation et le divertissement. Cette section traitera de l'essor des interactions numériques, des moteurs de leur croissance et de leur impact significatif sur la conception de l'expérience utilisateur (UX).

1.2.1 L'évolution des interactions numériques

Les interactions numériques ont parcouru un long chemin depuis leur création. Pour mettre ces progrès en perspective, revenons brièvement sur leur évolution.

1.2.1.1 Premiers pas

L'histoire des interactions numériques a commencé avec le développement des premiers ordinateurs électroniques dans les années 40 et 50. Ces appareils étaient principalement utilisés pour le calcul et n'étaient capables d'aucune forme d'interaction avec les utilisateurs. L'introduction de l'interface utilisateur graphique (GUI) dans les années 1960 a changé la donne, permettant aux utilisateurs d'interagir avec des ordinateurs à l'aide de représentations visuelles sur des écrans d'affichage.

1.2.1.2 Émergence d'Internet et du Web

L'invention d'Internet à la fin du 20e siècle a révolutionné les interactions numériques en fournissant une plate-forme pour connecter les ordinateurs et leur permettre de communiquer. Au fur et à mesure de l'évolution d'Internet, les interactions numériques ont également évolué, le World Wide Web (WWW) permettant aux utilisateurs d'accéder et de partager des informations à distance. Les sites Web ont commencé à devenir plus interactifs lorsque les développeurs Web ont commencé à expérimenter de nouvelles technologies telles que HTML, JavaScript et CSS pour créer une gamme variée d'expériences utilisateur.

1.2.1.3 Avènement des appareils mobiles et intelligents

La croissance rapide des appareils mobiles et intelligents, tels que les smartphones, les tablettes et les appareils portables, a encore alimenté l'essor des interactions numériques. Les interfaces à écran tactile ont permis aux utilisateurs d'interagir de manière intuitive et passionnante avec le contenu numérique, tandis que des fonctionnalités telles que le GPS, les accéléromètres et les caméras ont ouvert de nouvelles possibilités pour des expériences contextuelles et personnalisées. L'arrivée des magasins d'applications a rendu la distribution et la consommation de produits numériques plus accessibles, permettant à d'innombrables entreprises et particuliers de présenter leurs idées innovantes au monde entier.

1.2.2 Moteurs de l'essor des interactions numériques

Plusieurs facteurs ont contribué à l'immense popularité et à l'adoption généralisée des interactions numériques. Certains des influenceurs clés sont :

1.2.2.1 Avancées technologiques

Le rythme rapide de l'innovation technologique a fourni des outils puissants aux développeurs et aux concepteurs pour créer des expériences numériques robustes et engageantes. Par exemple, les progrès des API Web (interfaces de programmation d'applications) permettent aux applications Web d'accéder à des fonctionnalités matérielles et logicielles spécifiques à l'appareil, permettant des expériences numériques plus riches et plus interactives.

1.2.2.2 Le besoin d'efficacité et de productivité

Les interactions numériques offrent plusieurs avantages par rapport à leurs homologues traditionnels, notamment la rapidité, la commodité et la précision. Ces avantages ont poussé les organisations à numériser leurs processus, ce qui a entraîné une demande accrue de solutions numériques interactives.

1.2.2.3 L'omniprésence des appareils numériques

Compte tenu de l'omniprésence des appareils numériques dans le monde d'aujourd'hui, il est naturel que les utilisateurs soient enclins à opter pour les interactions numériques.

1.2.2.4 Évolution des attentes des utilisateurs

Au fur et à mesure que les utilisateurs s'habituent aux interactions numériques, leurs attentes en matière d'expériences utilisateur fluides et agréables ont augmenté. Ces attentes en constante évolution augmentent la demande de produits et de services numériques de haute qualité.

1.2.3 Impact sur la conception UX

L'essor des interactions numériques a considérablement influencé la conception UX, avec quelques effets notables :

1.2.3.1 Élargir la portée de la conception UX

La popularité croissante des interactions numériques a étendu la portée de la conception UX à divers domaines, notamment le commerce électronique, la santé, la finance et l'éducation. De plus, les concepteurs sont continuellement confrontés au défi d'explorer et d'innover de nouvelles méthodes d'interaction, telles que les commandes vocales et gestuelles.

1.2.3.2 Accent mis sur la conception centrée sur l'utilisateur

La demande croissante de produits numériques a mis en évidence l'importance de créer des expériences utilisateur non seulement fonctionnelles, mais aussi agréables et engageantes. Par conséquent, les concepteurs doivent adopter une approche de conception centrée sur l'utilisateur, en tirant parti de la recherche sur les utilisateurs, dc l'analyse de la concurrence et de l'empathie pour créer des expériences qui ravissent les utilisateurs.

1.2.3.3 Importance accrue de l'accessibilité et de l'inclusivité

Alors que les interactions numériques sont devenues la norme, la nécessité de veiller à ce que ces interactions soient accessibles et inclusives pour tous les utilisateurs a pris de l'importance. Concevoir pour les utilisateurs handicapés nécessite que les concepteurs accordent la priorité à l'accessibilité et à l'inclusivité, en adoptant les principes de conception universels et les meilleures pratiques.

1.2.3.4 Augmentation de la collaboration et de la communication

Avec des produits numériques complexes nécessitant souvent l'expertise d'équipes multidisciplinaires, une plus grande importance a été accordée à la collaboration et à la communication entre les concepteurs, les développeurs, les chefs de produit et les autres parties prenantes du processus de développement.

En conclusion, l'essor des interactions numériques a eu un effet profond sur la conception UX, obligeant les concepteurs à s'adapter et à évoluer en réponse au paysage changeant des interactions homme-ordinateur. En comprenant et en adoptant ces changements, les concepteurs peuvent naviguer avec succès dans le monde en constante évolution de la technologie numérique et offrir des expériences utilisateur attrayantes.

1.3 L'impact de la technologie mobile

La technologie mobile a fondamentalement transformé notre façon de vivre le monde. À l'ère du numérique, les smartphones et les tablettes sont devenus un élément essentiel de notre vie quotidienne. Avec l'expansion rapide de la technologie mobile, les concepteurs UI/UX doivent garder une longueur d'avance et comprendre l'influence de ces avancées sur l'expérience utilisateur. Dans cette section, nous explorerons l'impact de la technologie mobile sur la conception UX, les défis auxquels sont confrontés les concepteurs et les tendances futures de l'expérience utilisateur mobile.

1.3.1 Pénétration des appareils mobiles

Selon des statistiques récentes, il y a plus de 6 milliards d'utilisateurs de smartphones dans le monde, et ce nombre ne cesse de croître. Les appareils mobiles ont pénétré nos vies si profondément qu'ils ont fondamentalement modifié nos attentes quant à la façon dont nous communiquons, travaillons, achetons et jouons. Cette adoption généralisée a obligé les concepteurs UX à placer l'expérience mobile au premier plan de leur processus de conception.

L'utilisation croissante des appareils mobiles a encouragé le développement de diverses applications mobiles, sites Web et plates-formes optimisés pour l'interaction mobile. Par conséquent, les concepteurs UX doivent tirer parti des attributs et des comportements uniques de la technologie mobile lors de la conception de ces expériences centrées sur le mobile.

1.3.2 L'approche mobile d'abord

La majorité du trafic en ligne étant désormais générée à partir d'appareils mobiles, les concepteurs doivent adapter leurs méthodologies pour se concentrer sur la création d'expériences optimisées pour les utilisateurs mobiles. L'approche mobile donne la priorité à la conception pour les appareils mobiles avant d'adapter la conception aux écrans plus grands.

L'utilisation d'une approche axée sur le mobile offre de nombreux avantages dans le processus de conception. Il encourage les concepteurs à se concentrer sur ce qui est vraiment essentiel pour les utilisateurs, ce qui se traduit par des conceptions plus propres et plus efficaces. De plus, en partant d'une contrainte telle que des tailles d'écran plus petites, les concepteurs doivent hiérarchiser les principaux objectifs de l'utilisateur pour chaque interaction.

1.3.3 Interaction tactile et gestes

Une différence évidente entre les appareils de bureau et les appareils mobiles est la façon dont les utilisateurs interagissent avec eux. Alors que les utilisateurs de bureau dépendent des entrées de la souris et du clavier, les appareils mobiles dépendent des interactions tactiles. Par conséquent, les concepteurs doivent tenir compte des implications uniques de l'interface tactile lors de la conception d'expériences d'applications mobiles.

Concevoir des interactions tactiles implique de comprendre les types de gestes que les utilisateurs effectuent sur les écrans mobiles, tels que taper, balayer, pincer ou tenir. Les concepteurs doivent également tenir compte des limitations physiques des écrans tactiles, telles que la taille des doigts et la taille de la cible tactile. De plus, les interactions tactiles doivent être intuitives, réactives et accessibles pour offrir une expérience utilisateur transparente.

1.3.4 Conception réactive

En plus de l'interaction tactile, les concepteurs UX doivent faire face aux différentes tailles d'écran et résolutions des appareils mobiles. La conception réactive permet aux sites Web et aux applications de s'adapter automatiquement à la taille de l'écran des appareils des utilisateurs, garantissant une expérience utilisateur optimale sur une large gamme d'appareils.

La conception réactive est cruciale à l'ère de la technologie mobile. En créant une expérience cohérente sur différentes tailles d'écran, les utilisateurs sont moins susceptibles de rencontrer des problèmes d'utilisation lors du changement d'appareil ou d'orientation.

1.3.5 Application mobile vs Web mobile

Un autre défi auquel les concepteurs UX sont confrontés est de choisir entre la conception d'applications mobiles et d'expériences Web mobiles. Bien que les deux soient essentiels, ils répondent à différents comportements des utilisateurs et ont des exigences de développement différentes.

Les applications mobiles offrent généralement des fonctionnalités avancées, des temps de chargement rapides et de meilleures options de personnalisation, tandis que les expériences Web mobiles sont plus accessibles et plus faciles à mettre à jour. Quel que soit le format choisi, les concepteurs UX doivent s'assurer que leurs conceptions s'alignent sur les limites et les opportunités uniques de chaque environnement.

1.3.6 Consommation de batterie et de données

Les appareils mobiles ont souvent des capacités de batterie et des forfaits de données limités, ce qui oblige les utilisateurs à être plus conscients de l'utilisation de leur appareil. Par conséquent, les concepteurs UX doivent optimiser l'expérience utilisateur pour minimiser l'impact de ces limitations.

Concevoir pour l'efficacité énergétique et des données comprend l'optimisation des images, la minimisation des animations inutiles et la fourniture de repères visuels clairs pour indiquer l'utilisation des données. En fin de compte, une approche équilibrée est nécessaire pour créer une expérience agréable sans imposer une pression excessive sur les ressources de l'appareil.

1.3.7 Tendances futures de la conception UX mobile

Dans le paysage technologique en évolution rapide, l'impact de la technologie mobile sur la conception UX devrait encore s'approfondir. Les tendances émergentes comprennent :

● Réalité augmentée et virtuelle : à mesure que la technologie AR et VR gagne du terrain, les concepteurs UX doivent explorer et expérimenter davantage ces supports, en créant des expériences immersives et engageantes.

● Interfaces utilisateur vocales : avec la popularité croissante des assistants vocaux tels que Google Assistant, Alexa et Siri, les concepteurs UX doivent intégrer les interactions vocales dans l'expérience utilisateur globale.

● Connectivité 5G : Des connexions mobiles plus rapides et plus fiables permettront des expériences multimédias plus riches et une latence réduite, repoussant les limites de ce que les concepteurs peuvent créer.

● Intelligence artificielle et apprentissage automatique : les expériences intelligentes, personnalisées et adaptatives pilotées par les technologies AI/ML seront de plus en plus intégrées dans la conception UX mobile.

La technologie mobile a déjà eu un impact profond sur la conception UX, et à mesure que son influence continue de croître, il incombe aux concepteurs UX de s'adapter et d'innover constamment pour créer des expériences mobiles exceptionnelles dans un paysage numérique en constante évolution.

1.4 L'influence des médias sociaux

À l'ère numérique hyper-connectée d'aujourd'hui, les médias sociaux sont devenus un aspect vital de notre vie quotidienne, affectant non seulement notre style de communication, mais aussi nos choix et nos préférences. L'émergence de plateformes de médias sociaux comme Facebook, Twitter, Instagram, LinkedIn et Pinterest a créé un changement radical dans la façon dont nous consommons, partageons et interagissons avec le contenu. Par conséquent, les professionnels de la conception UX doivent tenir compte de l'influence significative des médias sociaux sur leur métier, d'autant plus que les consommateurs dépendent de plus en plus de ces plateformes pour accéder à l'information, aux connexions et aux produits ou services. Dans cette section, nous nous pencherons sur la manière dont les médias sociaux façonnent les aspects de conception UX et sur la manière dont les concepteurs peuvent s'adapter à ces nouveaux supports pour créer une expérience utilisateur plus significative et engageante.

1.4.1 Intégration des éléments de médias sociaux dans la conception UX

Les concepteurs d'expérience utilisateur ne peuvent plus se permettre d'ignorer les médias sociaux lors de la conception de produits ou d'expériences numériques. Compte tenu de la base d'utilisateurs massive et des possibilités infinies d'engagement, l'intégration des fonctionnalités des médias sociaux dans les applications Web et mobiles est devenue une pratique de conception essentielle. Des exemples d'une telle intégration ont été évidents dans:

- Ajout de boutons de partage social
- Intégrer des fonctionnalités de connexion sociale
- Intégrer du contenu généré par les utilisateurs à partir de plateformes sociales
- Faciliter le support client en temps réel via les canaux de médias sociaux
- Mettre en œuvre des éléments de conception visuelle inspirés des médias sociaux

Lors de l'intégration de ces fonctionnalités sociales, les concepteurs UX doivent garder à l'esprit le maintien de la cohérence de leurs éléments de conception, assurer une navigation et une interaction transparentes, et ne pas submerger les utilisateurs avec des options et des notifications excessives.

1.4.2 Analyse du comportement des utilisateurs

Les médias sociaux ont fourni aux professionnels UX des informations inestimables sur les tendances de comportement des utilisateurs qui peuvent être utilisées lors de la conception de produits numériques. Ces plateformes offrent un trésor de contenu, de sentiments, de préférences et de désirs générés par les utilisateurs qui peuvent aider à mieux comprendre les motivations et le comportement des utilisateurs.

En analysant la façon dont les utilisateurs interagissent avec différents types de contenu, les concepteurs peuvent prendre des décisions éclairées concernant la présentation du contenu, la navigation, les modèles d'interaction et les appels à l'action. Par exemple, Instagram a entraîné une augmentation de l'importance du contenu visuel et de la conception de l'interface. De plus, l'approche mobile-first de la conception est devenue de plus en plus critique puisque la majorité des interactions sur les réseaux sociaux se produisent via des appareils mobiles.

1.4.3 Personnalisation

Les plates-formes de médias sociaux ont clairement indiqué que la personnalisation n'est plus une fonctionnalité facultative, mais un aspect essentiel pour offrir des expériences utilisateur attrayantes. Les utilisateurs se sont habitués à recevoir des suggestions de contenu personnalisées, des recommandations d'amis, des flux d'actualités et des publicités en fonction de leurs intérêts, activités et connexions sur les réseaux sociaux.

Pour satisfaire cette attente des utilisateurs en matière de personnalisation, les concepteurs UX doivent envisager des stratégies pour offrir des expériences pertinentes et personnalisées dans leurs conceptions. Ceci peut être réalisé en utilisant les données des utilisateurs, les intérêts, l'historique de navigation et les informations démographiques. De plus, les concepteurs UX peuvent avoir besoin de tenir compte de l'évolution potentielle des préférences des utilisateurs au fil du temps, car l'activité des médias sociaux des individus est sujette à changement.

1.4.4 Viralité et partageabilité

L'un des principaux moteurs du succès des médias sociaux est le potentiel de création et de partage de contenu viral. Ce concept de viralité a affecté la conception UX, car les concepteurs donnent désormais la priorité à la création de contenu et d'interfaces facilement partageables qui encouragent l'engagement viral.

Pour concevoir en vue du partage, les professionnels UX doivent tenir compte de facteurs tels que :

- Mettre en œuvre des options de partage transparentes (par exemple, des boutons de partage social)
- Intégrer des micro-interactions pour encourager l'engagement des utilisateurs
- Faciliter la création et le partage de contenu généré par les utilisateurs
- Garantir un contenu engageant (par exemple, des titres accrocheurs, un format facile à digérer)

1.4.5 Conception émotionnelle et empathie

À l'ère des médias sociaux, se connecter avec les utilisateurs sur le plan émotionnel est devenu plus important que jamais. Les utilisateurs interagissent avec les plateformes de médias sociaux pour diverses raisons, telles que le divertissement, l'éducation, la socialisation ou la croissance personnelle. Par conséquent, les concepteurs UX doivent s'efforcer de créer des liens émotionnels avec leur public cible et d'évoquer des émotions positives à travers leurs conceptions.

Pour y parvenir, les concepteurs peuvent utiliser des techniques de narration, des images chargées d'émotion ou des interactions intuitives tout en traitant les points douloureux potentiels avec empathie, en comprenant l'importance des commentaires des utilisateurs et en adaptant leurs conceptions en conséquence. Le but ultime devrait être de favoriser un sentiment de connexion et d'appartenance avec l'utilisateur.

En conclusion, l'influence des médias sociaux s'étend bien au-delà de ses plates-formes natives ; son impact peut être ressenti dans tout le paysage de la conception UX. Pour prospérer à l'ère de la connectivité et de l'engagement social, les professionnels de la conception UX doivent s'adapter, en incorporant les leçons tirées des médias sociaux et de leurs tendances en évolution rapide. Ce faisant, ils peuvent créer des expériences numériques plus significatives, attrayantes et agréables qui résonnent vraiment avec les utilisateurs dans le monde toujours connecté d'aujourd'hui.

1.5 La convergence des expériences physiques et numériques

Alors que nous continuons à naviguer dans le paysage en évolution rapide de la technologie et du design, les distinctions entre les mondes physique et numérique deviennent de plus en plus floues. Cette convergence façonne la manière dont nous interagissons avec les produits, les services et les uns avec les autres, créant de nouvelles opportunités et de nouveaux défis pour les concepteurs UX alors qu'ils cherchent à créer des expériences utilisateur fluides et engageantes. Dans cette section, nous explorerons les différentes facettes de cette convergence et comment elles influencent l'avenir de la conception UX.

1.5.1 Interfaces physiques et numériques

Dans le passé, les interactions avec la technologie étaient souvent limitées à des appareils physiques distincts, tels que des ordinateurs ou des téléphones, qui avaient des interfaces distinctes pour l'entrée et la sortie. Cependant, les progrès récents des technologies multi-touch, de l'Internet des objets (IoT), des interfaces utilisateur vocales et de la réalité augmentée et virtuelle ont introduit de nouvelles façons pour les utilisateurs d'interagir avec le contenu et les services numériques.

Ces technologies émergentes offrent des possibilités de créer des interactions plus transparentes et naturelles, à mesure que le fossé entre les mondes physique et numérique diminue. Par exemple, les utilisateurs peuvent désormais contrôler leurs appareils domestiques intelligents via des commandes vocales en langage naturel ou interagir avec du contenu numérique en temps réel à l'aide de gestes et du toucher. Les concepteurs UX doivent s'adapter et apprendre à concevoir pour ces nouveaux types de modèles d'interaction, en s'assurant que les expériences numériques qu'ils créent sont cohérentes et complètent leurs homologues physiques.

1.5.2 Expériences immersives

À mesure que la convergence des expériences physiques et numériques s'approfondit, l'accent est davantage mis sur la création d'environnements immersifs qui engagent les utilisateurs à un niveau plus profond. Les technologies de réalité augmentée (AR) et de réalité virtuelle (VR) ont considérablement mûri ces dernières années, permettant de concevoir des expériences qui mélangent les mondes réel et numérique de manière riche et convaincante.

Les concepteurs UX travaillant avec ces technologies doivent tenir compte des implications de la création d'expériences non seulement immersives, mais aussi contextuelles et sensibles aux nuances du monde physique. Cela nécessite une compréhension approfondie de l'espace physique et numérique, de l'orientation de l'utilisateur et des facteurs environnementaux, ainsi qu'une expertise en conception dans la création d'interfaces et d'interactions 3D.

1.5.3 Conception basée sur les données

La convergence des expériences physiques et numériques offre également un accès sans précédent aux données des utilisateurs, car les utilisateurs génèrent d'énormes quantités d'informations tout en interagissant avec les produits et services physiques et numériques. Les concepteurs UX peuvent exploiter ces données pour informer et affiner leurs conceptions en temps réel, ce qui permet de créer des expériences personnalisées et adaptatives qui répondent aux besoins, préférences et comportements individuels des utilisateurs.

Cependant, l'utilisation des données dans la conception s'accompagne également d'importantes considérations éthiques. Les concepteurs UX doivent s'assurer qu'ils sont transparents et responsables dans leur collecte et leur utilisation des données utilisateur, et doivent donner la priorité à la confidentialité et à la confiance des utilisateurs lorsqu'ils cherchent à utiliser les données pour améliorer l'expérience utilisateur.

1.5.4 Expériences cross-canal

Alors que la frontière entre les expériences physiques et numériques continue de s'estomper, les utilisateurs s'attendent de plus en plus à pouvoir accéder et interagir avec des services sur plusieurs appareils et points de contact. Cela représente un défi pour les concepteurs UX, qui doivent créer des expériences cohérentes et cohérentes qui couvrent une gamme de plates-formes et de canaux.

Pour réussir dans cette entreprise, les concepteurs UX doivent adopter une vision globale du parcours de l'utilisateur, en s'assurant que les éléments de conception, l'architecture de l'information et les modèles d'interaction qu'ils créent sont adaptables et évolutifs dans différents contextes. Cela peut nécessiter une collaboration avec d'autres disciplines, telles que la conception de services ou la pensée systémique, pour garantir que l'ensemble de l'écosystème d'un produit ou d'un service est optimisé pour une expérience utilisateur transparente.

1.5.5 L'avenir de la conception UX

Alors que la convergence des expériences physiques et numériques continue de remodeler le monde qui nous entoure, les concepteurs UX doivent être prêts à s'adapter et à évoluer afin de rester pertinents et performants. Cela nécessitera non seulement de maîtriser de nouveaux ensembles de compétences et de nouvelles technologies, mais également d'adopter un état d'esprit d'apprentissage continu et de curiosité.

Ce faisant, les concepteurs UX peuvent contribuer à façonner un avenir dans lequel la technologie et le design travaillent ensemble pour enrichir nos vies, plutôt que de les nuire, alors que nous naviguons dans le paysage complexe et en constante évolution de la convergence des expériences physiques et numériques.

En conclusion, l'avenir de la conception UX repose fortement sur la convergence des expériences physiques et numériques, et les concepteurs doivent être préparés aux défis et aux opportunités que cette convergence apporte. En comprenant les technologies émergentes, en créant des expériences immersives, en exploitant les données de manière responsable, en concevant des expériences cross-canal et en adoptant l'apprentissage continu, les concepteurs UX peuvent façonner l'avenir de ce domaine passionnant et créer des expériences utilisateur qui comblent le fossé entre les mondes physique et numérique.

Chapitre 2 : Comprendre l'utilisateur : les fondements de l'UX Design

2.1 Présentation

Pour créer une expérience utilisateur exceptionnelle, il est essentiel de comprendre les personnes qui utiliseront votre produit ou service. Ce chapitre approfondira la compréhension de l'utilisateur et la manière d'intégrer ses besoins, ses désirs et ses attentes dans votre processus de conception UX. Après avoir lu ce chapitre, vous comprendrez pourquoi il est essentiel de connaître vos utilisateurs, les approches de collecte de données utilisateur, les outils et méthodes utilisés dans la recherche utilisateur, et comment analyser et appliquer ces connaissances pour créer une meilleure expérience utilisateur.

2.2 L'importance de comprendre l'utilisateur

Comprendre l'utilisateur est le fondement de la conception UX. Sans une compréhension claire de qui sont vos utilisateurs, de leurs motivations et de leurs points faibles, vous aurez du mal à créer un produit ou un service qui réponde à leurs besoins et offre une expérience positive. Une compréhension approfondie de vos utilisateurs vous permettra de :

1. **Faire preuve d'empathie :** comprendre vos utilisateurs vous aide à développer de l'empathie envers leurs besoins et leurs défis. Cette empathie guide vos décisions de conception et vous permet de créer des solutions qui répondent à leurs points faibles.
2. **Concentrez-vous sur les bons problèmes :** lorsque vous comprenez les besoins de vos utilisateurs, vous pouvez développer des fonctions et des fonctionnalités qui répondent directement à ces besoins, ce qui conduit à une meilleure expérience utilisateur globale.
3. **Tester et valider :** une compréhension de vos utilisateurs vous aide à identifier les moyens de tester et de valider vos décisions de conception, en vous assurant que votre produit résonne auprès de votre public cible.

2.3 Approches de collecte de données sur les utilisateurs

Il existe différentes approches pour collecter des données sur les utilisateurs afin de comprendre votre public cible. Certaines méthodes courantes incluent :

1. **Recherche primaire** : collecte de données directement auprès des utilisateurs par le biais d'entretiens, d'enquêtes et d'observations. Ces données aident les concepteurs à comprendre les motivations, le comportement et les besoins des utilisateurs. La recherche primaire peut être longue et coûteuse, mais fournit des informations de première main sur vos utilisateurs.

2. **Recherche secondaire** : collecte de données à partir de sources existantes telles que des études universitaires, des rapports de l'industrie et des analyses de concurrents. Cette recherche peut fournir un contexte précieux et peut être plus rentable que la recherche primaire.

3. **Recherche quantitative** : utilisation de données numériques pour identifier des modèles de comportement, de préférences et d'attitudes des utilisateurs. La recherche quantitative peut être effectuée par le biais d'enquêtes, d'analyses et d'autres sources de données.

4. **Recherche qualitative** : Comprendre les utilisateurs à travers leurs pensées, leurs sentiments et leurs expériences. La recherche qualitative peut être effectuée par le biais d'entretiens, de groupes de discussion, d'études d'observation, etc.

Il est important d'utiliser une combinaison de ces approches pour obtenir une compréhension complète de vos utilisateurs.

2.4 Outils et méthodes de recherche d'utilisateurs

Il existe un large éventail d'outils et de méthodes disponibles pour vous aider à collecter et analyser les données des utilisateurs. Certaines méthodes de recherche d'utilisateurs populaires incluent :

1. **Entretiens avec les utilisateurs :** entretiens individuels avec les utilisateurs pour comprendre leurs motivations, leurs besoins et leurs expériences avec votre produit ou service. Les entretiens peuvent être menés en personne, par téléphone ou via des appels vidéo. Les conseils pour mener des entretiens efficaces avec les utilisateurs incluent la création d'un guide de discussion, le choix des bons participants et l'utilisation de techniques d'écoute active.

2. **Enquêtes et questionnaires :** collecte des commentaires de vos utilisateurs par le biais d'enquêtes en ligne ou sur papier. Les enquêtes peuvent fournir des données quantitatives, mais peuvent également fournir des informations qualitatives grâce à des questions ouvertes. Pour créer un sondage efficace, assurez-vous que vos questions sont claires, impartiales et axées sur vos objectifs de recherche.

3. **Tests d'utilisabilité :** observer directement les utilisateurs lorsqu'ils interagissent avec votre produit ou prototype pour identifier les problèmes ou les domaines à améliorer. Les tests d'utilisabilité peuvent être effectués en personne, à distance ou à l'aide d'outils numériques. Lorsque vous effectuez des tests d'utilisabilité, il est crucial de définir clairement vos objectifs, de recruter des participants qui reflètent

votre public cible et d'établir des scénarios de tâches qui reflètent des situations réelles.

4. **Tri de cartes :** technique utilisée pour recueillir des informations sur la manière dont les utilisateurs classent et organisent les informations. Le tri des cartes peut être effectué à l'aide de cartes physiques ou numériquement à l'aide d'un logiciel spécialisé. Les informations obtenues grâce au tri des cartes peuvent être utilisées pour éclairer l'architecture des informations et la structure de navigation de votre produit.

5. **Persona Development :** création de profils détaillés de vos utilisateurs cibles en fonction de votre recherche d'utilisateurs. Les personas aident les concepteurs à sympathiser avec leurs utilisateurs et à garder leurs besoins à l'esprit tout au long du processus de conception. Les personnalités efficaces incluent les informations démographiques, les objectifs, les motivations et les points faibles.

2.5 Analyse et application des données utilisateur

Une fois que vous avez recueilli des données sur les utilisateurs grâce à diverses méthodes de recherche, il est essentiel d'analyser ces informations et de les utiliser pour éclairer vos décisions de conception UX. Voici quelques conseils pour analyser et appliquer les données utilisateur :

1. **Identifiez les modèles et les tendances :** recherchez les thèmes communs, ainsi que les valeurs aberrantes, dans les données que vous avez collectées. Ces modèles et tendances peuvent vous

aider à découvrir des informations sur vos utilisateurs qui peuvent être utilisées pour façonner votre conception.

2. **Créer des user stories** : les user stories sont des récits descriptifs de la façon dont les utilisateurs interagissent avec votre produit ou service. Ils aident votre équipe à visualiser l'impact de vos décisions de conception sur l'expérience de l'utilisateur. Développez des récits d'utilisateurs basés sur les informations tirées de vos recherches pour guider votre processus de conception.

3. **Hiérarchiser les besoins des utilisateurs** : il est important de hiérarchiser les besoins des utilisateurs en fonction de leur importance et de leur impact sur l'expérience utilisateur globale. Utilisez les informations issues de vos recherches pour créer une liste hiérarchisée des besoins des utilisateurs afin d'éclairer vos décisions de conception.

4. **Communiquez les résultats à votre équipe** : partagez les résultats de vos recherches sur les utilisateurs avec votre équipe pour tenir tout le monde informé et aligné. La communication de vos résultats permet de garantir que vos décisions de conception sont fondées sur les informations des utilisateurs et toujours axées sur l'offre d'une meilleure expérience utilisateur.

En conclusion, comprendre l'utilisateur est le fondement de la conception UX. En rassemblant des données utilisateur précieuses, en appliquant des méthodes de recherche axées sur l'utilisateur et en tirant parti des connaissances acquises, vous pouvez prendre des décisions de conception éclairées qui répondent aux besoins des utilisateurs et créent une expérience utilisateur positive. La mise en œuvre de ces pratiques vous permettra de maîtriser la conception UX et de garder une longueur d'avance sur les tendances futures.

2.1 L'importance de l'empathie dans le design

Dans un monde de plus en plus interconnecté, où différentes cultures, origines et perspectives se heurtent quotidiennement, un élément clé est essentiel pour exceller en UX Design : l'empathie. Une compréhension approfondie des émotions, des besoins et des motivations des utilisateurs est essentielle lors de la conception de produits ou de services qui répondent à leurs préférences et créent des expériences significatives pour eux. L'empathie ne consiste pas seulement à se mettre à la place d'un autre, mais aussi à saisir ses émotions, ses contextes et ses besoins, en appliquant cette compréhension pour prendre des décisions de conception. Dans ce chapitre, nous explorerons pourquoi l'empathie est vitale, les stratégies pour la cultiver et comment l'appliquer efficacement dans l'UX Design.

2.1.1 Comprendre l'empathie dans le design

L'empathie est la capacité d'identifier et de comprendre les sentiments, les pensées et les expériences des autres. Elle englobe à la fois l'empathie cognitive, qui implique de reconnaître et de comprendre l'état mental d'une personne, et l'empathie émotionnelle, où l'on partage et résonne avec les sentiments d'une personne. Dans le contexte de la conception UX, l'empathie consiste à se connecter avec le public cible pour comprendre ses points de vue, ses points faibles et ses désirs, permettant aux concepteurs de créer des solutions centrées sur l'humain qui répondent véritablement aux besoins des utilisateurs.

Lorsque les concepteurs appliquent l'empathie, ils créent des produits ou des services utiles, pertinents et significatifs pour leurs utilisateurs. En revanche, en l'absence d'empathie, le processus de conception peut être malavisé, laissant la place à des produits qui ne répondent pas aux besoins des utilisateurs, voire à des frustrations, freinant finalement le succès de la solution.

2.1.2 Pourquoi l'empathie est importante dans la conception UX

L'utilisation de l'empathie dans la conception présente plusieurs avantages, notamment :

1. **Créer des solutions centrées sur l'utilisateur** : L'empathie avec les utilisateurs permet aux concepteurs de découvrir de véritables points faibles, désirs et motivations, conduisant à des produits et services qui répondent réellement aux exigences des utilisateurs.
2. **Améliorer l'accessibilité** : Cultiver l'empathie permet aux concepteurs de prendre en compte les besoins de tous les utilisateurs potentiels, en particulier ceux en situation de handicap, en veillant à ce que les produits et services soient inclusifs.

3. **Encourager l'innovation** : Empathy aide à découvrir les besoins non satisfaits et les défis auxquels les utilisateurs sont confrontés, offrant des opportunités potentielles d'innovation et de résolution créative de problèmes.

4. **Construire la confiance** : Faire preuve d'empathie établit une connexion avec les utilisateurs, les fait se sentir valorisés et compris, nourrissant la confiance et la loyauté.

5. **Favoriser la collaboration** : Une équipe de conception imprégnée d'empathie encourage la collaboration, la communication ouverte et l'inclusivité, ce qui améliore la prise de décision et la résolution de problèmes.

2.1.3 Cultiver l'empathie dans le design

Pour intégrer efficacement l'empathie dans le processus de conception UX, envisagez les stratégies suivantes :

1. **Rassemblez des perspectives diverses** : Impliquez des membres de l'équipe ayant des antécédents, des expertises ou des niveaux d'expérience divers, pour encourager l'exploration de différents points de vue, enrichissant le processus de conception.

2. **Embrassez la recherche sur les utilisateurs** : effectuez des recherches approfondies sur les utilisateurs, y compris des entretiens, des observations, des groupes de discussion et des enquêtes, pour acquérir une compréhension approfondie du public cible et de ses besoins.

3. **Développer des personnages** : créez des personnages réalistes qui représentent des utilisateurs typiques en utilisant des données de recherche, permettant à l'équipe de mieux se rapporter aux utilisateurs et de garder leurs besoins au premier plan lors de la prise de décisions.

4. **Créer des cartes d'empathie** : Une carte d'empathie est un outil visuel qui aide les équipes à comprendre les émotions, les pensées et les expériences des utilisateurs par rapport à des tâches, situations ou points douloureux spécifiques, facilitant l'identification des opportunités d'amélioration ou d'innovation.

5. **Pratiquez l'écoute active** : Engagez-vous dans l'écoute active lors des interactions avec l'utilisateur, en vous efforçant non seulement d'écouter mais aussi de comprendre les émotions et les motivations sous-jacentes, en encourageant une communication ouverte et honnête.

6. **Posez des questions ouvertes** : évitez de diriger ou de limiter les réponses des utilisateurs en posant des questions ouvertes, qui peuvent révéler de nouvelles informations et encourager une compréhension plus approfondie.

7. **Prototypage et test** : Validez les hypothèses de conception et recueillez les commentaires grâce aux tests utilisateurs, permettant une amélioration continue et des itérations guidées par l'empathie.

2.1.4 Appliquer l'empathie dans le processus de conception UX

Pour intégrer l'empathie tout au long du processus de conception UX, suivez ces étapes :

1. **Recherche et découverte UX** : Commencez par une recherche approfondie sur les utilisateurs, en façonnant une compréhension empathique du public cible, y compris ses objectifs, ses motivations, ses points faibles et ses contextes.

2. **Analyse et synthèse** : analysez les résultats de la recherche pour identifier les besoins, les problèmes et les opportunités clés des utilisateurs, à l'aide d'outils tels que les personas, les cartes de parcours ou les cartes d'empathie pour créer une compréhension partagée au sein de l'équipe de conception.

3. **Idéation et développement de concepts** : générez et évaluez des idées qui répondent aux besoins et aux préférences des utilisateurs par le biais d'un brainstorming, d'un croquis ou d'un storyboard collaboratif, en gardant l'empathie au cœur de chaque solution.

4. **Prototypage et validation** : développez des prototypes et validez-les avec les utilisateurs, en itérant et en affinant la conception en fonction de leurs commentaires, de leurs idées axées sur l'empathie et de l'alignement avec des objectifs et des stratégies d'entreprise plus larges.

5. **Mise en œuvre et évaluation** : Déployez la conception finale et continuez à surveiller ses performances, en appliquant des informations basées sur l'empathie pour découvrir des opportunités d'amélioration, d'amélioration ou d'expansion.

Pour conclure, l'empathie est une compétence fondamentale pour les concepteurs UX car elle favorise la création de solutions centrées sur l'utilisateur qui résonnent émotionnellement, satisfont leurs besoins et génèrent des expériences mémorables. En cultivant l'empathie et en l'intégrant tout au long du processus de conception UX, les concepteurs peuvent atténuer les risques, stimuler l'innovation et contribuer au succès global de leurs produits ou services.

2.2 Méthodes et techniques de recherche des utilisateurs

La recherche utilisateur est au cœur de la conception UX, car elle vous permet de comprendre votre public cible, ses besoins, ses comportements et ses attentes. La recherche sur les utilisateurs joue un rôle essentiel dans la conception de produits et de services centrés sur l'utilisateur qui offrent des expériences fluides et agréables. Dans cette section, nous explorerons diverses méthodes et techniques de recherche d'utilisateurs afin de recueillir des informations précieuses pour éclairer votre processus de conception.

2.2.1 Enquêtes

Les sondages sont une excellente méthode pour recueillir des données quantitatives et qualitatives auprès d'un grand groupe de personnes. Ils peuvent vous aider à recueillir des informations sur les données démographiques, les attitudes, les préférences et les expériences de vos utilisateurs. Les enquêtes peuvent être menées via différents canaux, tels que des formulaires en ligne, des e-mails ou des entretiens en face à face.

Conseils pour concevoir des sondages efficaces :

1. **Établissez des objectifs clairs** : Définissez les objectifs que vous souhaitez atteindre grâce à l'enquête et structurez vos questions en conséquence.
2. **Soyez bref** : visez à créer un sondage qui prend moins de 10 minutes à remplir. Des enquêtes plus longues entraînent des taux de réponse plus faibles et des taux d'abandon plus élevés.
3. **Utilisez un langage simple** : évitez le jargon, les termes techniques et les formulations complexes. Vos questions doivent être claires et faciles à comprendre.
4. **Inclure des questions ouvertes** : Les questions ouvertes permettent aux participants de fournir des réponses plus élaborées et de fournir des informations plus riches.
5. **Pré-testez l'enquête** : testez votre enquête avec un petit groupe pour identifier les questions peu claires, les erreurs ou les problèmes techniques.

2.2.2 Entrevues

Les entretiens sont une méthode de recherche qualitative qui implique une conversation en tête-à-tête entre le chercheur et l'utilisateur. Ils sont idéaux pour explorer en profondeur les besoins, les désirs et les expériences des utilisateurs. Les entretiens peuvent être structurés, semi-structurés ou non structurés, selon les objectifs de la recherche.

Conseils pour mener des entretiens efficaces :

1. **Préparez-vous** : élaborez à l'avance une liste de questions d'entrevue qui correspondent à vos objectifs de recherche.
2. **Établissez une relation** : Établissez une atmosphère amicale et ouverte, qui encouragera le participant à partager ses pensées confortablement.
3. **Soyez neutre** : évitez de partager vos opinions ou de poser des questions susceptibles d'influencer les réponses des participants.
4. **Écoutez et sondez** : écoutez activement l'utilisateur, validez ses pensées et posez des questions de suivi pour obtenir des informations plus approfondies.
5. **Enregistrer et prendre des notes** : Avec la permission du participant, enregistrez l'entretien pour une analyse ultérieure et prenez des notes pendant la conversation.

2.2.3 Groupes de discussion

Les groupes de discussion impliquent une discussion modérée entre un groupe d'utilisateurs pour explorer leurs perceptions, opinions et expériences. C'est une excellente méthode pour explorer diverses perspectives et générer des idées. Les discussions de groupe peuvent être menées en personne ou virtuellement.

Conseils pour organiser des groupes de discussion réussis :

1. **Sélectionnez les bons participants** : Visez un groupe diversifié de 6 à 10 participants avec des antécédents, des données démographiques et des niveaux d'expérience variés.

2. **Créez un environnement confortable** : Encouragez une discussion ouverte et honnête en créant une atmosphère sûre, confortable et inclusive.

3. **Élaborez un guide de discussion** : Décrivez les principaux sujets que vous souhaitez aborder pendant la session et préparez des questions ouvertes pour stimuler la conversation.

4. **Facilitez la discussion** : agissez en tant que modérateur neutre, en encourageant une participation active et en gérant le flux de la conversation.

5. **Capturez et analysez les informations** : enregistrez la session et prenez des notes détaillées, en mettant en évidence les thèmes clés, les modèles et les informations des utilisateurs.

2.2.4 Études observationnelles

Les études observationnelles consistent à observer les utilisateurs lorsqu'ils interagissent avec votre produit, service ou environnement. Cette méthode vous permet de découvrir les problèmes d'utilisabilité, les comportements des utilisateurs et les préférences dont les utilisateurs peuvent ne pas être conscients ou capables d'articuler.

Types d'études observationnelles :

1. **Observation naturaliste** : Observer les utilisateurs dans leur environnement naturel, sans aucune interférence ni orientation.
2. **Observation contrôlée** : Observer les utilisateurs dans un cadre contrôlé, avec des tâches spécifiques à accomplir ou des scénarios à suivre.

Conseils pour mener des études observationnelles :

1. **Définir les objectifs de recherche** : Identifiez les aspects de l'expérience utilisateur que vous souhaitez étudier et concevez l'observation en conséquence.
2. **Recrutez des participants** : sélectionnez un groupe diversifié d'utilisateurs qui représentent votre public cible.
3. **Élaborez un plan d'observation** : Décrivez les comportements, les interactions et les scénarios spécifiques que vous souhaitez observer, ainsi que les outils ou équipements spécifiques requis.
4. **Enregistrez et prenez des notes** : Documentez les comportements des utilisateurs, les interactions et tous les défis ou problèmes auxquels ils sont confrontés.
5. **Analysez et synthétisez les résultats** : identifiez les modèles et les tendances, et combinez vos observations avec d'autres méthodes de recherche pour acquérir une compréhension globale de vos utilisateurs.

2.2.5 Tests d'utilisabilité

Les tests d'utilisabilité consistent à évaluer votre produit ou service pour mesurer sa facilité d'utilisation, son efficacité et la satisfaction globale de l'utilisateur. Les utilisateurs sont invités à effectuer des tâches ou des scénarios spécifiques pendant que le chercheur observe leurs interactions et recueille des commentaires. Les tests d'utilisabilité peuvent être effectués en personne ou à distance et peuvent être modérés ou non.

Conseils pour effectuer des tests d'utilisabilité :

1. **Fixez des objectifs clairs** : Définissez les aspects spécifiques de l'expérience utilisateur que vous souhaitez évaluer et développez des scénarios de test en conséquence.
2. **Choisissez la méthode appropriée** : Tenez compte de l'étape du projet, des objectifs et des ressources disponibles pour déterminer la meilleure approche pour votre test d'utilisabilité.
3. **Recrutez des utilisateurs représentatifs** : sélectionnez des participants qui reflètent les données démographiques, les compétences et les niveaux d'expérience de votre public cible.
4. **Documentez et analysez les résultats** : enregistrez les interactions des utilisateurs, prenez des notes et analysez les résultats pour identifier les problèmes d'utilisabilité, les domaines à améliorer et les commentaires des utilisateurs.
5. **Itérer votre conception** : utilisez vos résultats pour guider les améliorations de conception et effectuer des séries supplémentaires de tests d'utilisabilité pour garantir une expérience utilisateur optimale.

En utilisant diverses méthodes et techniques de recherche d'utilisateurs, vous pouvez recueillir des informations complètes sur les besoins, les comportements et les préférences de vos utilisateurs, qui éclaireront votre processus de conception UX. La clé est d'intégrer la recherche d'utilisateurs tout au long du cycle de vie du projet, des concepts initiaux au lancement du produit et au-delà, en veillant à ce que vos décisions de conception soient systématiquement centrées sur l'utilisateur et informées en permanence par des données pertinentes. En fin de compte, cela conduira à des produits et services plus réussis, attrayants et agréables pour votre public cible.

2.3 Création de personas et de profils d'utilisateurs

Les personas et les profils d'utilisateurs sont des outils essentiels dans le processus de conception UX. Ils vous aident à comprendre votre public cible et à prendre des décisions éclairées concernant votre conception. Dans cette section, nous allons explorer l'importance des personas et des profils d'utilisateurs et apprendre à les créer à partir de zéro.

2.3.1 L'importance des personas et des profils d'utilisateurs

Les personas et les profils d'utilisateurs sont des représentations de votre public cible. En créant des personnages détaillés et réalistes qui incarnent les caractéristiques, les besoins et les objectifs de vos utilisateurs, vous pouvez mieux sympathiser avec eux et prendre des décisions de conception plus éclairées.

En créant des personas et des profils d'utilisateurs, vous pouvez :

• Comprendre les besoins, les objectifs et les frustrations de votre public cible
• Développer l'empathie pour vos utilisateurs, ce qui conduit finalement à de meilleures solutions de conception
• Communiquez vos conclusions et établissez un consensus parmi les membres de votre équipe
• Assurez-vous que votre conception plaît à votre public cible et répond à ses besoins
• Mettez en évidence les lacunes de votre recherche et aidez à hiérarchiser les fonctionnalités sur lesquelles vous concentrer

2.3.2 Collecte de données pour les personas et profils d'utilisateurs

Avant de créer des personas et des profils, vous devez collecter des données sur votre public cible. Les données peuvent provenir de diverses sources :

1. **Entretiens avec les utilisateurs :** menez des entretiens avec des utilisateurs potentiels pour recueillir des informations sur leurs besoins, leurs objectifs et leurs frustrations. Posez des questions ouvertes et évitez les questions suggestives pour collecter des données impartiales et précises.

2. **Enquêtes et questionnaires** : distribuez des enquêtes et des questionnaires pour collecter des données quantitatives sur les préférences, les caractéristiques et les comportements des utilisateurs. Gardez les questions claires et concises pour encourager plus de répondants.

3. **Analyse de l'utilisation** : analysez la façon dont les utilisateurs interagissent avec votre produit existant ou un produit similaire, et identifiez les modèles qui suggèrent les comportements et les préférences des utilisateurs.

4. **Études de marché** : examinez les rapports d'études de marché, les analyses des concurrents et les tendances du secteur pour mieux comprendre les préférences et le comportement de votre public cible.

L'utilisation d'une combinaison de ces sources de données vous permettra de créer des personnalités et des profils d'utilisateurs complets et précis.

2.3.3 Création de personas utilisateur

Un user persona est un personnage fictif basé sur les données que vous avez collectées auprès de et sur votre public cible. Voici un guide étape par étape pour créer un persona d'utilisateur :

1. **Nom et rôle** : Donnez à votre persona un nom et un rôle correspondant à son expérience avec votre produit (par exemple, grand voyageur, maman occupée, propriétaire d'une petite entreprise).

2. **Données démographiques** : incluez des informations telles que l'âge, le sexe, l'éducation et les antécédents culturels. Ces informations peuvent

vous aider à visualiser votre utilisateur et à mieux comprendre son contexte.

3. **Objectifs et motivations :** Identifiez ce que votre persona veut réaliser et ce qui le motive. Cela peut inclure des choses comme gagner du temps, améliorer la productivité ou se connecter avec les autres.

4. **Points douloureux et frustrations :** décrivez les défis et les frustrations que votre personnage rencontre en essayant d'atteindre ses objectifs. Ceux-ci peuvent être utilisés pour identifier les domaines dans lesquels votre produit peut fournir des solutions.

5. **Modèles de comportement et préférences :** décrivez comment votre personnage interagit généralement avec des produits comme le vôtre, ainsi que ses préférences, ses intérêts et ses attitudes.

6. **Une citation :** créez une citation qui illustre l'état d'esprit, les objectifs ou les frustrations de votre personnage. Cela peut aider les membres de votre équipe à mieux comprendre la personnalité de l'utilisateur.

7. **Ajouter une photo :** Incorporez une image qui représente votre personnalité. Il peut s'agir d'une photo d'archive ou d'une illustration fictive. La représentation visuelle aide les membres de l'équipe à s'identifier plus facilement au personnage.

2.3.4 Création de profils utilisateur

Un profil utilisateur complète un personnage en se concentrant davantage sur la relation de la personne avec votre produit, ses préférences et ses attributs.

1. **Type d'utilisateur :** identifiez le type d'utilisateur représenté par votre profil (par exemple, utilisateur

occasionnel, utilisateur expérimenté ou utilisateur potentiel).

2. **Fréquence d'utilisation :** décrivez la fréquence à laquelle l'utilisateur interagit avec votre produit ou des produits similaires.

3. **Préférences de l'appareil :** indiquez les appareils préférés de votre utilisateur, tels que les smartphones, les tablettes ou les ordinateurs de bureau.

4. **Préférences d'interaction :** détaillez comment l'utilisateur préfère interagir avec votre produit, comme les gestes, les commandes vocales ou les clics de souris.

5. **Préférences de communication :** indiquez comment l'utilisateur préfère recevoir des informations ou communiquer, par exemple par e-mail, messages directs ou appels téléphoniques.

6. **Le contexte d'utilisation :** Décrivez l'environnement ou le contexte dans lequel l'utilisateur est susceptible d'utiliser votre produit. Cela peut inclure les paramètres physiques, l'heure de la journée ou le contexte social.

Une fois que vous avez créé des personas et des profils d'utilisateurs, vous pouvez les utiliser pour guider et informer votre processus de conception. Cela inclut la création de scénarios pour les tests utilisateurs, la hiérarchisation des fonctionnalités et l'amélioration de votre interface utilisateur en fonction des besoins et des préférences de vos utilisateurs.

Rappelez-vous que les personas et les profils ne sont pas statiques ; ils peuvent être affinés et mis à jour au fur et à mesure que vos recherches progressent et que votre compréhension de vos utilisateurs évolue. Tenez-les à jour et utilisez-les de manière cohérente tout au long de votre processus de conception pour créer des produits réussis et centrés sur l'utilisateur.

2.4 Cartographier le parcours utilisateur

Dans cette section, nous explorerons le concept de cartographie du parcours utilisateur (UJM) et son importance dans le domaine de la conception UX. Nous approfondirons les spécificités de la création de cartes de parcours utilisateur, couvrant tout, de la recherche à l'application pratique.

La cartographie du parcours utilisateur (UJM) est une représentation visuelle des différentes étapes et points de contact que les utilisateurs traversent lorsqu'ils interagissent avec un produit, un service ou un système. Son objectif principal est de comprendre et d'optimiser l'expérience de l'utilisateur tout au long de son parcours, permettant aux concepteurs de prendre des décisions éclairées sur la manière d'améliorer l'UX globale.

La création d'une carte du parcours utilisateur vous aide à identifier les moments les plus importants de l'expérience de vos utilisateurs, à analyser les points faibles potentiels et à découvrir les opportunités d'amélioration. Ce processus est essentiel pour façonner un produit numérique lors de la conception d'une UX qui répond aux besoins et aux attentes des utilisateurs.

2.4.1 Importance de la cartographie du parcours utilisateur

Certains des principaux avantages de la cartographie du parcours utilisateur incluent :

1. **Renforcement de l'empathie** : en visualisant les étapes franchies par les utilisateurs et en comprenant leurs émotions, leurs motivations et leurs défis, les concepteurs UX peuvent développer de l'empathie pour eux. Cela permet aux concepteurs de placer les utilisateurs au premier plan, en s'assurant qu'ils prennent les meilleures décisions de conception.
2. **Meilleure communication** : Une carte de parcours utilisateur fonctionne comme un excellent outil de communication au sein de votre équipe ou avec vos clients. Il facilite une compréhension unifiée de l'expérience utilisateur et met en lumière les améliorations et améliorations nécessaires.
3. **Découvrir les points faibles** : Grâce au processus de cartographie du parcours utilisateur, les concepteurs découvrent souvent les problèmes rencontrés par les utilisateurs lors de leur interaction avec le produit. La résolution de ces problèmes permet de s'assurer que les solutions sont adaptées aux besoins et aux attentes des utilisateurs.
4. **Identifier les opportunités** : Une carte de parcours utilisateur bien conçue révèle des opportunités d'amélioration cachées. En reconnaissant les points de friction et les zones d'engagement élevé, les concepteurs peuvent créer des produits qui se connectent mieux aux utilisateurs et offrent une expérience utilisateur plus transparente.

2.4.2 Étapes pour créer une carte de parcours utilisateur

A. Recherche et collecte de données

Avant de commencer à cartographier le parcours utilisateur, vous devez avoir une solide compréhension de vos utilisateurs. Effectuez des recherches sur les utilisateurs pour recueillir des données et des informations pertinentes, qui peuvent inclure :

- Objectifs et motivations des utilisateurs
- Déceptions des utilisateurs
- Expériences attendues
- Points douloureux existants

Pour collecter ces données, utilisez diverses méthodes de recherche, telles que des entretiens avec des utilisateurs, des enquêtes, des questionnaires, des groupes de discussion et des tests d'utilisateurs.

B. Définissez vos personas d'utilisateur

À l'aide des informations recueillies à l'étape A, créez des personnalités d'utilisateurs pour mieux comprendre et sympathiser avec votre public cible. Les personas aident les équipes à rester concentrées sur les besoins, les objectifs et les préférences des utilisateurs.

C. Identifier les étapes du parcours

Décomposez le parcours de l'utilisateur en différentes étapes représentant des étapes spécifiques, chacune capturant une phase ou une étape distincte dans l'interaction de l'utilisateur avec le produit. Les étapes typiques peuvent inclure : aperçu, évaluation, achat, utilisation et assistance.

D. Cartographier les objectifs, les défis et les points de contact de l'utilisateur

À chaque étape du parcours de l'utilisateur, décrivez les objectifs de l'utilisateur, les défis auxquels il pourrait être confronté et les canaux ou les points de contact avec lesquels il interagit. Ce niveau de granularité aidera à découvrir les points critiques et les opportunités d'amélioration.

E. Ajouter des émotions et des pensées de l'utilisateur

En plus d'identifier les objectifs et les défis de l'utilisateur, il est crucial de prendre en compte son état émotionnel à chaque étape. Cela aide à mieux comprendre le comportement des utilisateurs et à identifier les moments de plaisir et de frustration.

F. Visualiser la carte du trajet

Présentez la carte du parcours de l'utilisateur dans un format visuel, qui peut être un simple diagramme, un graphique ou un storyboard. Assurez-vous que votre carte de voyage est facilement accessible, compréhensible et attrayante, afin qu'elle puisse remplir efficacement son objectif en tant qu'outil collaboratif.

2.4.3 Conseils et meilleures pratiques

1. **Collaborez** : impliquez des membres de l'équipe de différents départements, tels que le développement ou les ventes, pour offrir diverses perspectives sur le parcours de l'utilisateur. Cela facilitera également une compréhension commune et l'alignement des objectifs.
2. **Itérer** : la cartographie du parcours utilisateur n'est pas une activité ponctuelle. Mettez à jour et itérez vos cartes à mesure que votre produit évolue ou que de nouvelles données et commentaires d'utilisateurs deviennent disponibles.
3. **Équilibrez simplicité et détails** : bien qu'il soit essentiel de fournir suffisamment de détails pour capturer l'expérience de l'utilisateur, veillez à ne pas submerger votre carte de voyage avec des informations excessives.
4. **Validez avec les utilisateurs** : testez et validez vos cartes de parcours utilisateur avec de vrais utilisateurs pour garantir l'exactitude et l'efficacité. Cela aidera à confirmer que vos informations sont exactes et à révéler tout détail potentiellement manqué.

2.4.4 Outils de cartographie du parcours utilisateur

Pour créer des cartes de parcours utilisateur visuellement attrayantes et fonctionnelles, pensez à utiliser des outils de cartographie dédiés tels que :

- Smaply
- UXPressia
- Miró
- Lucidchart
- Microsoft Visio

Ces outils offrent une gamme de fonctionnalités et de capacités pour vous aider à cartographier les parcours des utilisateurs de manière efficace et collaborative.

En conclusion, la cartographie du parcours utilisateur est un outil puissant pour les concepteurs UX pour comprendre et optimiser l'expérience utilisateur. En effectuant des recherches approfondies sur votre public, en créant des personnages et en identifiant les étapes clés, les défis et les émotions des utilisateurs, vous pouvez créer des solutions pratiques à leurs problèmes et enrichir l'UX globale.

2.5 Identification des besoins des utilisateurs et des points faibles

Comprendre les besoins des utilisateurs et les points faibles est crucial pour maîtriser l'art de la conception de l'expérience utilisateur (UX). Ce processus est non seulement essentiel pour améliorer la satisfaction client, mais également essentiel pour déterminer le succès à long terme de votre produit. Dans cette section, nous discuterons de l'importance d'identifier les besoins des utilisateurs et les points faibles et explorerons diverses méthodes pour découvrir ces informations.

Pourquoi l'identification des besoins des utilisateurs et des points faibles est importante

Avant de nous plonger dans les méthodes, comprenons d'abord l'importance d'identifier les besoins des utilisateurs et les points faibles :

1. **Conception centrée sur l'utilisateur** : L'objectif principal de la conception UX est d'améliorer l'expérience globale de l'utilisateur. En comprenant les besoins des utilisateurs et les points faibles, les concepteurs peuvent adapter leurs produits pour répondre aux attentes des utilisateurs.
2. **Convivialité améliorée** : l'identification des besoins des utilisateurs et des points faibles aide les concepteurs à améliorer la convivialité et l'accessibilité, ce qui facilite la navigation des utilisateurs sur la plate-forme.
3. **Satisfaction accrue des utilisateurs** : en s'attaquant aux points faibles des utilisateurs, les concepteurs peuvent améliorer la satisfaction des

utilisateurs, ce qui conduit à une fidélité accrue des clients et à une utilisation répétée.

4. **Taux de rebond réduits** : la résolution des points faibles des utilisateurs permet aux entreprises de réduire les taux de rebond en atténuant les frustrations des utilisateurs, améliorant ainsi la compétitivité sur le marché.

5. **Avantage concurrentiel** : Comprendre ce que veulent les utilisateurs et répondre à leurs besoins offre un avantage concurrentiel dans l'industrie, aidant les entreprises à se démarquer de la concurrence.

Méthodes pour identifier les besoins des utilisateurs et les points faibles

1. Entretiens avec les utilisateurs

Les entretiens avec les utilisateurs, comme leur nom l'indique, consistent à interroger les utilisateurs sur leurs besoins, leurs désirs et leurs frustrations vis-à-vis du produit. Grâce à des questions ouvertes, vous pouvez obtenir des informations précieuses sur l'esprit de vos utilisateurs et comprendre leurs difficultés. Assurez-vous de:

- Planifiez soigneusement vos questions d'entrevue
- Utilisez des questions ouvertes
- Sondez pour obtenir des réponses plus approfondies si nécessaire
- Documenter les entretiens pour référence future

2. Enquêtes et questionnaires

Bien que n'ayant pas la profondeur des entretiens avec les utilisateurs, les enquêtes et les questionnaires peuvent collecter des données quantitatives auprès d'un public plus large. Ils sont utiles pour identifier les tendances et les problèmes répandus. Pour créer des enquêtes et des questionnaires efficaces, les concepteurs doivent :

- Soyez concis et clair avec les questions
- Gardez-les courts et ciblés
- Utilisez un mélange de questions fermées et ouvertes
- Garantir la confidentialité et l'anonymat

3. Études observationnelles

Les études observationnelles consistent à observer les utilisateurs lorsqu'ils interagissent avec votre produit. Cette méthode aide à révéler les points faibles et les problèmes dont les utilisateurs ne sont pas nécessairement conscients. Pour mener des études observationnelles efficaces, les concepteurs doivent :

- Choisir un cadre approprié (naturel ou contrôlé)
- Utilisez la vidéo, l'audio ou les deux pour la documentation
- Documenter les observations de manière objective
- Utiliser plusieurs observateurs pour réduire les biais

4. Études de journal

Les études de journal impliquent que les utilisateurs documentent leurs expériences avec un produit dans un journal, capturant leurs pensées et leurs sentiments au fil du temps. Il fournit aux concepteurs des données riches et qualitatives sur les expériences des utilisateurs dans leur environnement naturel. Des études de journal efficaces impliquent :

- Sélection rigoureuse des participants
- Expliquer clairement les rôles des participants et comment consigner les entrées
- Suivre régulièrement les progrès des participants
- Analyser minutieusement les données

5. Tests d'utilisabilité

Les tests d'utilisabilité impliquent que les utilisateurs effectuent des tâches spécifiques sur un produit pendant que les concepteurs observent pour identifier tout problème d'utilisabilité. Cette méthode aide les concepteurs à identifier les points faibles qui empêchent les utilisateurs d'atteindre leurs objectifs. Des tests d'utilisabilité efficaces doivent :

- Utilisez des participants démographiquement représentatifs de votre public cible
- Créez des scénarios de tâches réalistes
- Testez plusieurs itérations du produit
- Capturer des données quantitatives et qualitatives

6. Commentaires des clients

Les commentaires des clients, recueillis par le biais d'avis, d'e-mails, de médias sociaux et d'autres canaux, fournissent une mine d'informations sur les besoins des utilisateurs et les points faibles. Les concepteurs doivent surveiller régulièrement ces canaux et agir en fonction des précieuses informations fournies. Pour utiliser efficacement les commentaires des clients :

- Mettre en place des mécanismes permettant aux clients de fournir des commentaires
- Utiliser des outils d'analyse pour suivre et organiser les commentaires
- Analyser régulièrement les commentaires pour les tendances et les idées
- Agir sur les commentaires et communiquer les améliorations aux utilisateurs

7. Analyse des concurrents

L'analyse des concurrents consiste à examiner les produits de vos concurrents pour identifier les besoins des utilisateurs et les points faibles qu'ils traitent ou ignorent avec succès. En évaluant leurs forces et leurs faiblesses, vous pouvez trouver des domaines d'amélioration pour votre propre produit.

- Identifier les principaux concurrents
- Évaluer l'expérience utilisateur de leurs produits
- Reconnaître ses réussites et ses lacunes
- Utilisez ces informations pour affiner votre stratégie UX

En résumé

La maîtrise de la conception UX implique de bien discerner les besoins des utilisateurs et les points faibles pour créer des expériences utilisateur mémorables. En combinant diverses méthodes de recherche et en apprenant continuellement de vos utilisateurs, vous serez mieux outillé pour concevoir des produits intuitifs, accessibles et agréables qui se démarquent dans un marché concurrentiel.

Chapitre 3 : Idéation et conceptualisation : générer des solutions de conception

Introduction

Au fur et à mesure que nous progressons dans le processus de conception UX, nous nous retrouvons maintenant au stade de l'idéation et de la conceptualisation. Dans ce chapitre, nous allons approfondir le processus de génération de solutions de conception et explorer diverses techniques d'idéation. À la fin de ce chapitre, vous comprendrez clairement comment générer des concepts de conception créatifs et transformer les besoins des utilisateurs en expériences utilisateur fonctionnelles et captivantes.

3.1 Qu'est-ce que l'idéation et la conceptualisation ?

Avant de passer à l'action, définissons ce que signifient idéation et conceptualisation dans le contexte de la conception UX.

L'idéation fait référence au processus de génération et de développement de nouvelles idées ou de nouveaux concepts pour un problème donné. Ces idées doivent viser à résoudre les problèmes des utilisateurs et à répondre à leurs besoins par la conception d'un produit.

La conceptualisation suit l'idéation et est le processus d'organisation, de structuration et d'affinement des idées générées. Cela permet de créer une solide compréhension de la solution potentielle, en veillant à ce qu'elle soit alignée sur les objectifs du projet et les besoins des utilisateurs.

En un mot, l'idéation et la conceptualisation sont les étapes où diverses idées sont générées, explorées et affinées pour créer des solutions de conception qui répondent aux besoins des utilisateurs et offrent des expériences agréables en harmonie avec les exigences du système.

3.2 L'importance de l'idéation et de la conceptualisation

La phase d'idéation et de conceptualisation marque le début de la partie orientée solutions du processus de conception. Voici quelques raisons pour lesquelles cette étape est cruciale :

1. **Favorise la créativité :** le processus d'idéation encourage la pensée créative, permettant aux concepteurs d'explorer plusieurs idées et possibilités pour résoudre efficacement un problème de conception spécifique.
2. **Favorise la collaboration :** L'idéation et la conceptualisation cultivent un environnement collaboratif dans lequel divers membres de l'équipe apportent leurs idées et leur expertise, rendant le processus de conception plus complet et inclusif.
3. **Répond aux besoins des utilisateurs :** en tenant compte de différentes perspectives et idées, les concepteurs peuvent développer des concepts de résolution de problèmes qui répondent aux besoins, aux points faibles et aux défis des utilisateurs avec innovation et empathie.
4. **Évite un chemin à sens unique :** en explorant et en validant plusieurs idées simultanément, les concepteurs peuvent éviter la vision en tunnel qui pourrait se produire s'ils se concentraient sur une seule solution dès le début.
5. **Atténuation des risques :** en testant et en affinant les concepts à un stade précoce, l'équipe de conception peut identifier les risques potentiels associés à une conception donnée, ce qui permet d'économiser du temps et des ressources plus tard dans le processus de développement.

3.3 Techniques d'idéation et de conceptualisation

Il existe de nombreuses techniques et méthodes pour générer des idées et des concepts au stade de l'idéation et de la conceptualisation. Regardons quelques-unes des techniques les plus populaires utilisées par les designers :

3.3.1 Remue-méninges

Le brainstorming est une technique utilisée pour générer un grand nombre d'idées en peu de temps. Il encourage les membres de l'équipe à sortir des sentiers battus et à générer des idées fluides sans contraintes. L'objectif est de faciliter l'échange d'idées et de se nourrir de la créativité de chacun.

Conseils pour le remue-méninges :

- Définissez clairement le problème de conception et les objectifs avant de commencer.
- Créer un environnement qui favorise la créativité et la collaboration.
- Encouragez la diversité des pensées et découragez de juger les idées pendant la session.
- Capturez toutes les idées sans filtrage.
- Passez en revue et affinez les idées après la session.

3.3.2 Esquisse / Prototypage rapide

L'esquisse, y compris le wireframing et le prototypage approximatif, est un outil utile pour visualiser et tester des idées de conception. Il aide à diffuser les concepts parmi les membres de l'équipe et facilite l'itération et l'amélioration rapide des idées.

Conseils pour l'esquisse et le prototypage rapide :

- Concentrez-vous sur les principales caractéristiques et fonctionnalités du concept de design.
- Gardez les croquis simples et faciles à comprendre.
- Encouragez les membres de l'équipe à partager leurs croquis et à fournir des commentaires.
- Itérer et affiner les éléments de conception en fonction des commentaires reçus.

3.3.3 Technique SCAMPER

SCAMPER est un acronyme qui signifie remplacer, combiner, adapter, modifier, mettre à un autre usage, éliminer et inverser. Cette technique de pensée créative encourage les concepteurs à réfléchir à la manière dont divers aspects d'un produit, d'un processus ou d'un service pourraient être modifiés ou adaptés pour créer de nouveaux concepts.

Conseils pour utiliser la technique SCAMPER :

- Appliquez chaque opération SCAMPER séparément, puis en combinaison, pour générer différentes idées de conception.
- Travaillez avec une équipe diversifiée pour explorer différentes perspectives et obstacles potentiels.
- Documentez toutes les idées générées pour une analyse, une hiérarchisation et un développement plus approfondis.

3.3.4 Cartographie mentale

Une carte mentale est une représentation visuelle de pensées, d'idées et d'informations, centrée autour d'un concept de base. Il encourage les concepteurs à réfléchir à un problème de conception sous plusieurs angles, à partir de l'idée centrale et à générer de nombreuses idées interconnectées.

Conseils pour créer une carte mentale :

• Commencez par un concept ou un problème central, puis commencez à vous diversifier avec des idées connexes.
• Utilisez des couleurs, des graphiques et des images pour améliorer l'attrait visuel et la compréhension de la carte.
• Gardez la carte organisée et facile à naviguer et à lire.
• Impliquez les membres de l'équipe pour apporter leurs idées et développer la carte.

3.4 Affiner et hiérarchiser les idées

Une fois que l'idéation et la conceptualisation ont abouti à un pool de solutions de conception potentielles, les concepteurs doivent affiner et hiérarchiser ces idées pour identifier les concepts les plus prometteurs. Voici quelques méthodes pour affiner et hiérarchiser les idées :

1. **Faisabilité :** Évaluer l'aspect pratique et la viabilité des concepts, compte tenu des limites techniques et des ressources organisationnelles.
2. **Alignement avec les objectifs :** analysez dans quelle mesure chaque concept s'aligne sur le brief de

conception, les besoins des utilisateurs et les objectifs du projet.

3. **Impact sur les utilisateurs** : tenez compte de l'impact positif potentiel que la solution aurait sur les utilisateurs, comme l'amélioration de la satisfaction des utilisateurs, la facilité d'utilisation ou l'efficacité.

4. **ROI et valeur commerciale** : évaluez le retour sur investissement potentiel et la valeur commerciale globale obtenue grâce à la mise en œuvre de la solution.

5. **Prototypage et test** : développez des prototypes à un stade précoce et testez des idées avec de vrais utilisateurs pour recueillir des commentaires qualitatifs et quantitatifs, valider et affiner davantage les concepts.

Conclusion

La phase d'idéation et de conceptualisation fait partie intégrante du processus de conception UX. En explorant différentes techniques et méthodes d'idéation, les concepteurs peuvent générer diverses solutions de conception qui répondent efficacement aux besoins des utilisateurs et créent des expériences utilisateur engageantes et mémorables. N'oubliez pas que la clé est de favoriser un environnement collaboratif et ouvert d'esprit qui encourage la créativité et donne la priorité à la satisfaction des utilisateurs tout au long du processus.

3.1 Remue-méninges et pensée créative

Dans le monde de la conception UX, le brainstorming et la pensée créative sont des outils essentiels pour imaginer, résoudre des problèmes et stimuler l'innovation. En favorisant un environnement d'idées fluides, les concepteurs peuvent puiser dans leur créativité et développer des expériences utilisateur qui résonnent vraiment avec leur public cible.

Pourquoi le brainstorming est-il important dans la conception UX ?

Le brainstorming, c'est plus que simplement lancer des idées contre le mur pour voir ce qui colle ; c'est un processus structuré où les designers travaillent ensemble pour trouver des solutions créatives aux problèmes de conception. Dans le contexte de l'UX, un brainstorming efficace aide les équipes à :

- Identifier les besoins des utilisateurs et les points faibles
- Explorez plusieurs solutions de conception
- Encourager la collaboration et la pollinisation croisée des idées
- Découvrez des approches nouvelles et innovantes
- Gardez une longueur d'avance sur les tendances de l'industrie et les concurrents

Le pouvoir de la pensée créative dans la conception UX

La pensée créative est la capacité de voir les problèmes et les défis sous de nouveaux angles et d'explorer des solutions uniques et innovantes. C'est ce qui distingue le design révolutionnaire du médiocre. En design UX, la pensée créative est essentielle pour :

- Présentation d'expériences nouvelles, attrayantes et agréables pour les utilisateurs
- Résoudre des problèmes complexes de manière simple et intuitive
- Se démarquer dans un marché saturé en proposant quelque chose de différent
- S'adapter à l'évolution des préférences, des technologies et des tendances des utilisateurs

Techniques de brainstorming et comment les appliquer

Il existe plusieurs techniques de brainstorming que les concepteurs UX peuvent utiliser pour faire couler leur créativité. Explorons quelques-unes des méthodes les plus efficaces :

1. Cartographie mentale

La cartographie mentale est une technique visuelle pour organiser et relier des idées. Il aide les concepteurs à structurer leurs pensées et à explorer divers concepts, relations et hiérarchies.

Comment appliquer la cartographie mentale :

1. Commencez par un thème central ou un énoncé de problème au milieu d'une page vierge.

2. Créez des branches à partir du point central pour représenter des idées, des thèmes ou des sous-problèmes connectés.
3. Ajoutez des branches secondaires pour explorer davantage les sous-thèmes, les concepts ou les solutions.
4. Utilisez des couleurs, des symboles et des images pour représenter visuellement et regrouper des idées connexes.

2. Esquisse et prototypage rapide

L'esquisse et le prototypage rapide sont des moyens puissants de concrétiser rapidement des idées. En esquissant des solutions potentielles, les concepteurs peuvent mieux visualiser leurs concepts et communiquer leurs idées à l'équipe.

Comment appliquer l'esquisse et le prototypage rapide :

1. Commencez par dessiner l'interface utilisateur ou les composants individuels.
2. Utilisez des formes et des formulaires simples pour représenter divers éléments de conception.
3. Explorez les variantes et expérimentez différentes dispositions, structures et modèles d'interface utilisateur.
4. Une fois la structure de base en place, créez un prototype plus raffiné à l'aide d'un outil de conception ou de méthodes sur papier.

3. Rédaction de cerveau

Le brainwriting est une technique où les participants écrivent silencieusement leurs idées, puis les échangent avec d'autres pour un développement ultérieur. Cette méthode encourage une contribution plus diversifiée de tous les participants, réduisant l'influence des individus dominants ou francs.

Comment appliquer le Brainwriting :

1. Demandez à chaque participant d'écrire ses idées sur des fiches ou des notes autocollantes.
2. Après une période de temps définie, demandez aux participants de transmettre leurs idées à la personne à côté d'eux.
3. Chaque participant ajoute ensuite ses propres réflexions, s'appuie sur les idées ou les combine avec d'autres idées.
4. Répétez le processus jusqu'à ce que chaque personne ait contribué à chaque idée originale.

4. Rôlestorming

Le rolestorming est une technique de brainstorming de groupe où les participants assument différents rôles pour générer des idées. Cela aide les concepteurs à se libérer de leurs schémas de pensée habituels et à envisager des idées sous de nouvelles perspectives.

Comment appliquer le rolestorming :

1. Attribuez à chaque participant un rôle spécifique, tel qu'un utilisateur final, une partie prenante ou un concurrent.
2. Encouragez les participants à penser et à agir du point de vue du rôle qui leur est assigné.

3. Générez et discutez des idées dans le contexte de ces perspectives et comment elles pourraient aborder le problème différemment.

Créer un environnement fertile pour le brainstorming et la pensée créative

Pour que le brainstorming et la pensée créative soient efficaces, les designers ont besoin d'un environnement propice qui encourage la communication ouverte, les commentaires constructifs et le partage d'idées audacieux. Considérez ces conseils pour créer un espace nourrissant pour le brainstorming :

- **Insistez sur une politique « sans jugement » :** encouragez tous les participants à partager librement leurs pensées sans crainte de ridicule ou de critique.
- **Fixez des objectifs et des lignes directrices clairs :** Définissez clairement le problème à résoudre, fixez des limites de temps et fournissez une orientation pour la séance de remue-méninges.
- **Encouragez un ensemble diversifié d'idées :** favorisez une culture de la curiosité et invitez des participants de divers horizons et avec différentes expertises à apporter leurs points de vue uniques.
- **Promouvoir l'écoute active et la coopération :** Encouragez les participants à s'engager et à s'appuyer sur les idées des autres, en favorisant une atmosphère de collaboration.

Dernières pensées

Le brainstorming et la pensée créative sont des composants essentiels d'une conception UX efficace, permettant aux concepteurs de développer des expériences utilisateur attrayantes et convaincantes. En mettant en œuvre une variété de techniques de brainstorming, en créant un environnement favorable et en mettant l'accent sur la collaboration, les designers peuvent libérer tout leur potentiel créatif et stimuler l'innovation.

3.2 Esquisse et visualisation du concept

Dans cette section, nous explorerons l'esquisse et la visualisation de concepts en tant que techniques essentielles pour aider les concepteurs UX à communiquer des idées, à explorer diverses solutions de conception et à affiner les conceptions avant d'investir dans des prototypes ou des efforts de développement plus élaborés. Nous discuterons des avantages de l'esquisse, des techniques de création d'esquisses efficaces et des meilleures pratiques pour passer de l'esquisse à des représentations de concepts visuels plus soignées.

L'importance de l'esquisse dans la conception UX

Le sketching est un outil puissant pour les designers UX pour plusieurs raisons :

1. **Rapidité et efficacité** : l'esquisse permet aux concepteurs d'exprimer rapidement leurs idées et d'itérer sur des solutions potentielles, ce qui en fait une technique inestimable pour l'idéation et l'exploration de conception à un stade précoce.

2. **Flexibilité** : Les esquisses peuvent être facilement modifiées, effacées et développées, ce qui en fait un support approprié pour le brainstorming et l'affinement progressif des idées de conception.

3. **Collaboration** : L'esquisse est un langage commun qui facilite la communication et la collaboration, tant au sein de l'équipe de conception qu'avec les parties prenantes.

4. **Rentabilité** : L'esquisse est à la fois rapide et peu coûteuse, car elle ne nécessite aucun outil ou logiciel spécialisé, ce qui en fait un investissement à faible risque pendant les premières étapes du processus de conception.

5. **Faible fidélité** : la nature peu fidèle des croquis encourage l'accent sur les concepts de haut niveau, les flux d'utilisateurs et les interactions de conception plutôt que sur des détails tels que la couleur, la typographie ou l'imagerie - cela peut aider à éviter de s'enliser dans des décisions de conception prématurées.

Techniques pour un dessin efficace

Bien que l'esquisse soit une activité très personnelle et subjective, il existe plusieurs techniques qui peuvent aider les concepteurs à créer des esquisses efficaces et informatives à des fins de conception UX :

1. **Commencez par un énoncé d'objectif ou de problème** : avant de commencer à esquisser, ayez une compréhension claire de l'objectif ou du problème que vous essayez de résoudre. Cela fournit un cadre ciblé dans lequel explorer les solutions de conception potentielles.

2. **Utilisez des formes géométriques de base** : Gardez vos croquis simples en utilisant un vocabulaire visuel de formes géométriques de base comme des rectangles, des cercles et des lignes. Cela permet une idéation et une exploration rapides sans se perdre dans des détails inutiles.

3. **Itérer et explorer** : N'ayez pas peur de faire plusieurs itérations et variations de vos croquis, car cela peut aider à découvrir de nouvelles idées et perspectives sur le problème de conception. Expérimentez avec différentes mises en page, interactions et composants tout en restant concentré sur l'expérience utilisateur globale.

4. **Annotez vos croquis** : incluez des notes, des étiquettes et des annotations pour fournir un contexte et des informations supplémentaires sur vos croquis. Cela les rend plus accessibles et compréhensibles pour les autres, en particulier lors des sessions de collaboration et de présentation.

5. **Restez grossier et peu fidèle** : acceptez les imperfections qui accompagnent les croquis et résistez à l'envie de peaufiner ou d'affiner vos croquis trop tôt. Cela aidera à maintenir l'accent sur l'expérience utilisateur et permettra une flexibilité pendant la phase d'idéation.

Passer de l'esquisse à la visualisation du concept

La visualisation de concept est le processus de création de représentations plus détaillées et raffinées de vos idées de conception, incorporant souvent des éléments de conception visuelle tels que la couleur, la typographie et l'imagerie. Il suit généralement l'esquisse, une fois que les composants de conception clés et les flux d'utilisateurs ont été établis. Il existe plusieurs bonnes pratiques et directives à suivre lors de la transition de l'esquisse à la visualisation de concept :

1. **Affinez votre conception** : à l'aide des commentaires et des enseignements recueillis au cours de la phase d'esquisse, identifiez les domaines à améliorer et apportez les ajustements nécessaires à votre conception pour créer une expérience plus cohérente et conviviale.

2. **Développer un langage visuel cohérent** : Établissez un langage visuel cohérent pour vos visualisations de concept qui inclut des éléments tels que la couleur, la typographie, l'iconographie et l'imagerie. La cohérence dans la conception visuelle aide les utilisateurs à créer des modèles mentaux et à naviguer plus efficacement dans l'interface utilisateur.

3. **Utiliser les outils appropriés** : Selon la fidélité et le niveau de détail requis, choisissez les outils appropriés pour la visualisation des concepts. Des outils numériques tels que Sketch, Figma, Adobe XD ou Illustrator peuvent aider à créer des visualisations plus soignées et plus fidèles. N'oubliez pas que le choix de l'outil ne doit pas limiter le processus d'idéation, mais plutôt faciliter une communication efficace du concept de conception.

4. **Créez des structures filaires et/ou des maquettes** : Au fur et à mesure que vous passez des esquisses à des visualisations plus détaillées,

envisagez de créer des structures filaires ou des maquettes pour représenter la disposition et la structure de votre conception. Les wireframes sont généralement axés sur les composants de l'interface utilisateur et leur disposition, tandis que les maquettes intègrent des éléments de conception visuelle tels que la couleur, la typographie et l'imagerie.

5. **Itérer et affiner** : Comme l'esquisse, la visualisation de concept est un processus itératif. Affinez continuellement vos visualisations en fonction des commentaires des pairs, des parties prenantes et des tests d'utilisabilité.

En résumé, l'esquisse et la visualisation de concepts sont des processus critiques dans la conception UX, permettant aux concepteurs d'explorer des idées, de résoudre des problèmes complexes et d'affiner des solutions avant d'investir dans des prototypes et des efforts de développement plus élaborés. La maîtrise de ces compétences profitera à tout concepteur UX dans sa quête de création d'expériences numériques centrées sur l'utilisateur, intuitives et attrayantes.

3.3 Ateliers de conception collaborative

Les ateliers de conception collaborative sont des sessions interactives qui rassemblent des concepteurs, des développeurs, des chefs de produit et d'autres parties prenantes pour réfléchir, générer des idées, esquisser des solutions et valider des approches de conception. Ces ateliers visent à encourager la créativité, à améliorer la communication et à rationaliser le processus de conception. Ils peuvent être menés en personne ou à distance, mais ils impliquent toujours une participation et un engagement actifs de tous les participants.

Dans ce chapitre, nous explorerons les avantages des ateliers de conception collaborative, différents types d'ateliers pour différentes étapes du processus de conception UX, comment planifier et animer des ateliers réussis et des stratégies de collaboration à distance.

Avantages des ateliers de conception collaborative

Impliquer toute l'équipe et les parties prenantes dans le processus de conception UX à travers des ateliers collaboratifs présente plusieurs avantages :

1. **Compréhension et alignement partagés** : en travaillant ensemble, les membres de l'équipe peuvent mieux comprendre la vision, les objectifs et les contraintes du projet. Cette compréhension partagée aide à créer un sentiment d'alignement et d'appropriation, garantissant que tout le monde travaille vers les mêmes objectifs.
2. **Idéation accélérée** : Les ateliers offrent un moyen efficace de générer rapidement un grand nombre d'idées. En puisant dans l'expérience collective et les connaissances de l'équipe, vous êtes plus susceptible de trouver des solutions innovantes aux problèmes de conception.
3. **Validation rapide** : L'esquisse et le prototypage pendant l'atelier permettent à l'équipe d'identifier

rapidement les problèmes potentiels et de valider les idées de conception. Cette approche itérative peut faire gagner du temps et des ressources par rapport à l'attente d'une solution entièrement développée.

4. **Inclusivité et diversité** : L'inclusion de diverses perspectives et compétences dans l'atelier peut conduire à une compréhension plus complète des besoins des utilisateurs et peut produire des solutions de conception plus inclusives et accessibles.

5. **Amélioration de la dynamique d'équipe** : La collaboration et la communication ouverte peuvent renforcer la dynamique d'équipe, améliorer la créativité et favoriser un environnement d'équipe sain.

Types d'ateliers de conception collaborative

Il existe différents types d'ateliers de conception pour répondre à différents objectifs et étapes du processus de conception. Certains ateliers largement utilisés et efficaces comprennent :

1. Ateliers des parties prenantes

Les ateliers des parties prenantes ont généralement lieu au cours des premières étapes d'un projet pour établir une compréhension commune de la vision du produit, des objectifs et des utilisateurs cibles. Ces sessions incluent des parties prenantes telles que des clients, des chefs de produit et des experts en la matière qui fournissent des informations et des conseils précieux à l'équipe de conception.

- **Objectif** : Aligner la vision du projet, clarifier les objectifs et rassembler les informations pertinentes.
- **Activités** : Tableau blanc, exercices de vision, création de persona et planification de feuille de route.

2. Ateliers de recherche utilisateur

Les ateliers de recherche sur les utilisateurs impliquent des concepteurs, des chercheurs et des chefs de produit dans l'analyse et la synthèse des données de recherche sur les utilisateurs afin de découvrir des informations qui guideront le processus de conception.

- **Objectif** : comprendre les besoins, les priorités et les points faibles des utilisateurs pour éclairer la conception.
- **Activités** : Analyse d'entretiens, cartographie d'empathie, diagramme d'affinité et développement de personnalités.

3. Ateliers d'idéation

Les ateliers d'idéation visent à générer un large éventail de solutions possibles aux problèmes de conception identifiés. Les participants sont encouragés à sortir des sentiers battus et à apporter des idées diverses et créatives.

- **Objectif** : Générer un grand nombre d'idées pour répondre aux besoins des utilisateurs et aux points faibles.
- **Activités** : Remue-méninges, croquis, cartographie mentale et développement de concepts.

4. Ateliers de prototypage

L'objectif des ateliers de prototypage est de transformer des idées en prototypes tangibles qui peuvent être testés et affinés. Les participants travaillent en petits groupes ou de manière indépendante, parcourant diverses conceptions en fonction des commentaires des utilisateurs.

- **Objectif** : Créer et itérer des prototypes basse fidélité ou haute fidélité pour tester des idées de conception.
- **Activités** : Esquisse, wireframing, conception d'interface utilisateur et tests d'utilisabilité.

5. Ateliers de critique de conception

Les ateliers de critique de conception visent à recueillir des commentaires sur les concepts de conception et à identifier les domaines à améliorer. Ces séances structurées consistent à présenter des solutions de conception et à discuter de leurs mérites et de leurs préoccupations potentielles.

- **Objectif** : Évaluer les concepts de conception, recueillir des commentaires et identifier les domaines à itérer.
- **Activités** : Revue de conception, critique de groupe et priorisation des retours.

Planifier et animer des ateliers réussis

Pour assurer un atelier de conception réussi, suivez ces étapes :

1. **Fixer des objectifs clairs** : Définir le but de l'atelier et ses résultats attendus. Cela vous aidera à adapter les activités et la structure de l'atelier.
2. **Invitez les bons participants** : assurez-vous que vos participants ont des perspectives, des connaissances et des compétences diverses pour contribuer à l'atelier.
3. **Soyez prêt** : Fournissez le matériel et les outils nécessaires, comme des notes autocollantes, des tableaux blancs, des marqueurs et des modèles pour encourager une collaboration efficace.
4. **Préparez le terrain** : Commencez l'atelier en expliquant l'objectif, l'ordre du jour et les résultats attendus. Encouragez une communication ouverte et respectez les idées de tous les participants.
5. **Engagez les participants** : Utilisez diverses techniques et exercices pour stimuler la créativité et maintenir le niveau d'énergie élevé. Brisez la glace, encouragez le travail d'équipe et facilitez la discussion.
6. **Restez sur la bonne voie** : En tant qu'animateur, il est essentiel de garder l'atelier organisé et dans les délais. Soyez prêt à guider la discussion et à remettre le groupe sur la bonne voie si nécessaire.
7. **Documenter les résultats** : Capturez les idées, décisions et idées clés générées au cours de l'atelier. Cette documentation permettra à l'équipe de se référer aux résultats de l'atelier pendant le projet.

Ateliers de conception collaborative dans des environnements distants

La collaboration à distance est devenue courante dans les environnements de travail modernes. Pour faciliter des ateliers de conception à distance efficaces, considérez ces stratégies :

1. **Tirez parti des outils de collaboration numérique** : utilisez des tableaux blancs numériques, des outils de gestion de projet et des plateformes de vidéoconférence pour simuler une expérience d'atelier en personne.
2. **Définissez les attentes à l'avance** : communiquez clairement les objectifs, l'ordre du jour et la préparation requise pour l'atelier afin d'aider les participants à distance à mieux comprendre le contexte.
3. **Engagez les participants à distance** : encouragez une participation active en attribuant des tâches, en posant des questions et en offrant des opportunités régulières d'apport et de rétroaction.
4. **Tenez compte des fuseaux horaires** : Planifiez l'atelier à une heure qui convient à tous les participants, en tenant compte des fuseaux horaires et des horaires de travail.
5. **Enregistrez la session** : enregistrez l'atelier pour ceux qui ne pourront peut-être pas y assister ou utilisez-le comme référence plus tard dans le projet.

Conclusion

Les ateliers de conception collaborative sont une partie essentielle du processus de conception UX, contribuant à favoriser la créativité, l'alignement et une approche centrée sur l'utilisateur. En intégrant diverses perspectives, en tirant parti d'exercices collaboratifs et en promouvant une communication ouverte, les équipes de conception peuvent améliorer leurs capacités de résolution de problèmes et générer des solutions de conception percutantes.

3.4 Évaluer et hiérarchiser les idées

Une fois que vous avez généré de nombreuses idées grâce au brainstorming et à la recherche, votre prochaine étape dans le processus de conception UX consiste à évaluer et à hiérarchiser ces idées. Sans évaluation ni hiérarchisation, vous risquez de vous retrouver submergé par le nombre d'idées, ce qui rend difficile le démarrage de la conception du produit. Dans cette section, nous explorerons diverses techniques et astuces pour évaluer et hiérarchiser efficacement les idées, vous aidant à prendre des décisions éclairées qui contribueront au succès de votre produit.

3.4.1 Identification des critères importants

Avant de plonger dans l'évaluation et la hiérarchisation des idées, il est crucial d'identifier d'abord les critères les plus pertinents pour vos objectifs de conception. Ces critères serviront de base pour peser l'importance de chaque idée par rapport à vos objectifs de conception. Certains aspects à prendre en compte lors de l'établissement des critères comprennent :

- **Besoins des utilisateurs** : évaluez les idées en fonction de leur capacité à répondre aux principaux besoins des utilisateurs et aux points faibles.
- **Faisabilité** : déterminez si les idées sont réalisables en termes de contraintes techniques, de budget et de calendrier.
- **Innovation** : Évaluer le potentiel d'innovation des idées et leur capacité à disrupter le marché.
- **Enchantement de l'utilisateur** : évaluez le potentiel de chaque idée pour créer une expérience utilisateur agréable et mémorable.
- **Évolutivité** : déterminez dans quelle mesure les idées peuvent évoluer et s'adapter pour s'adapter à une base d'utilisateurs plus large ou à des fonctionnalités supplémentaires au fil du temps.
- **Alignement avec les objectifs commerciaux** : assurez-vous que les idées s'alignent sur les objectifs stratégiques et les priorités de votre organisation.

3.4.2 Évaluation des idées

Une fois les critères établis, il est temps d'évaluer chaque idée par rapport à ces aspects clés. Une façon d'aborder cela consiste à noter chaque idée à l'aide d'une échelle de notation (telle que 1-5 ou 1-10) sur la façon dont elle répond à chaque critère. L'attribution de scores numériques vous permet de quantifier les forces et les faiblesses de chaque idée, ce qui facilite leur comparaison et leur hiérarchisation.

Pour garantir l'objectivité de votre évaluation, envisagez d'impliquer plusieurs membres de l'équipe dans le processus de notation. Chaque membre de l'équipe peut noter indépendamment les idées, puis vous pouvez trouver la moyenne pour déterminer la note globale. L'inclusion de diverses perspectives peut aider à réduire les préjugés personnels et à accroître la fiabilité de vos conclusions.

Notation pondérée

Lors de l'évaluation des idées, certains critères peuvent avoir plus d'importance que d'autres. Dans de tels cas, vous pouvez utiliser un système de notation pondéré pour donner plus d'importance à des critères spécifiques. Attribuez un pourcentage de pondération à chaque critère, reflétant son importance pour votre projet de conception. Multipliez les scores par les poids, puis additionnez les scores pondérés pour obtenir l'évaluation globale de chaque idée.

3.4.3 Hiérarchiser les idées

Après avoir évalué chaque idée, vous pouvez commencer le processus de priorisation. Les aspects à prendre en compte lors de la hiérarchisation des idées incluent :

- Classement par notes globales : classez les idées de la plus élevée à la plus basse en fonction de leurs notes cumulées lors du processus d'évaluation.
- Alignement stratégique : alignez votre liste d'idées prioritaires sur les objectifs stratégiques de votre projet ou de votre entreprise, en vous assurant que vos objectifs les plus importants sont traités en premier.
- Dépendances et conditions préalables : Tenez compte des dépendances entre les idées ou si l'une doit être mise en œuvre avant qu'une autre puisse continuer. Cette compréhension aide à créer une séquence logique pour la mise en œuvre.
- Urgence et calendrier : identifiez toutes les idées qui nécessitent une attention immédiate ou qui doivent s'aligner sur un calendrier spécifique, comme une tendance ou un événement de l'industrie.

Matrice de priorisation des idées

Un moyen visuel d'aider à hiérarchiser les idées consiste à utiliser une matrice de hiérarchisation des idées. Cette matrice se compose de deux axes, représentant généralement deux critères clés, tels que l'impact et la faisabilité. En traçant vos idées sur cette matrice, vous pouvez facilement visualiser leurs priorités les unes par rapport aux autres.

Par exemple, les idées à fort impact et à forte faisabilité tomberaient dans le quadrant supérieur droit, indiquant qu'elles devraient être prioritaires. À l'inverse, les idées à faible impact et à faible faisabilité tomberaient dans le quadrant inférieur gauche, signalant qu'elles devraient être dépriorisées ou potentiellement rejetées.

3.4.4 Itération et réévaluation

L'évaluation et la hiérarchisation doivent être des processus dynamiques, s'adaptant à mesure que votre conception progresse et que de nouvelles informations deviennent disponibles. Cette flexibilité permet de garantir que votre conception reste alignée sur vos objectifs et les besoins de vos utilisateurs. Revoyez régulièrement vos décisions de priorisation et d'évaluation pour apporter les ajustements nécessaires en cours de route.

Conclusion

L'évaluation et la hiérarchisation des idées est une étape cruciale dans le processus de conception UX. En identifiant les critères importants, en notant les idées et en utilisant des outils de visualisation tels que les matrices de hiérarchisation des idées, vous pouvez prendre des décisions éclairées sur les idées à poursuivre dans votre conception. N'oubliez pas de garder le processus dynamique, en réexaminant régulièrement vos priorités au fur et à mesure que votre travail progresse. Une fois ces stratégies en place, vous pouvez vous attendre à une conception qui réponde avec succès aux besoins de vos utilisateurs et aux objectifs de votre organisation.

3.5 Définition des buts et objectifs de conception

Tout projet ou conception réussi doit avoir un ensemble clair de buts et d'objectifs. Dans le domaine en constante évolution de la conception UX, il est crucial d'avoir des buts et des objectifs de conception bien définis. Cette section discutera de l'importance et des considérations pratiques dans la définition des buts et objectifs de conception, ainsi que des techniques utilisées pour faciliter ce processus.

Pourquoi définir les buts et les objectifs de conception est crucial

Les buts et objectifs de conception sont essentiels pour plusieurs raisons :

1. **Clarté** : des objectifs bien définis clarifient le processus de conception, permettant aux concepteurs de prendre des décisions éclairées lors de la création d'une expérience utilisateur.
2. **Focus** : La définition des objectifs aide à concentrer le processus de conception sur les aspects clés, ce qui se traduit par un processus de conception plus rationalisé et efficace.
3. **Mesure** : les objectifs de conception peuvent agir comme des mesures, permettant à l'équipe de conception de mesurer l'efficacité de la conception par rapport à des cibles prédéterminées.
4. **Communication** : des objectifs clairs aident à communiquer le but et l'intention de la conception aux autres membres de l'équipe et aux parties prenantes.
5. **Motivation** : La définition de buts et d'objectifs peut insuffler un sens et une motivation à l'équipe de conception, les inspirant à créer de meilleures conceptions.

Considérations pratiques dans la définition des buts et des objectifs de conception

Avant de passer aux techniques de définition des buts et objectifs, considérez les aspects pratiques suivants :

Alignement avec les objectifs commerciaux

Les objectifs de conception doivent s'aligner sur les objectifs commerciaux généraux de l'organisation. Cet alignement garantit que la conception UX contribue au succès de l'organisation et répond efficacement aux besoins des clients.

Contribution des parties prenantes

Il est essentiel d'impliquer les principales parties prenantes dans la définition des buts et objectifs de conception. Leur contribution garantit que toutes les perspectives pertinentes sont prises en compte, ce qui rend les objectifs plus complets et holistiques.

Équilibre

Rechercher un équilibre dans la définition des objectifs de conception, en tenant compte d'aspects tels que la convivialité, l'opportunité, la valeur et la faisabilité. Une approche équilibrée garantit que la conception répond efficacement aux besoins des utilisateurs tout en restant pratique et réalisable.

Le réalisme

Les objectifs de conception doivent être réalistes et réalisables dans le cadre et les contraintes du projet. Fixer des objectifs irréalistes peut entraîner de la frustration et de la démoralisation au sein de l'équipe de conception.

Techniques de définition des buts et objectifs de conception

Après avoir examiné les aspects pratiques de la définition des objectifs de conception, explorons quelques techniques pour aider à créer des objectifs clairs et efficaces :

Critères SMART

Une approche largement utilisée pour définir les objectifs est celle des critères SMART. Il garantit que les objectifs sont spécifiques, mesurables, réalisables, pertinents et limités dans le temps. Cette approche aide à créer des objectifs bien définis et réalisables qui produisent des résultats mesurables.

Recherche d'utilisateurs

La recherche utilisateur est un outil inestimable pour définir les objectifs de conception. Les méthodes de recherche, telles que les entretiens et les enquêtes, peuvent être utilisées pour recueillir des informations sur les besoins et les préférences des utilisateurs. Ces informations peuvent être traduites en objectifs de conception qui répondent directement aux besoins des utilisateurs.

Analyse de la concurrence

L'analyse des concurrents est un moyen efficace d'identifier les objectifs de conception potentiels. En évaluant les forces et les faiblesses des concurrents, les concepteurs peuvent identifier les domaines dans lesquels leur conception peut exceller et offrir une valeur ajoutée aux utilisateurs.

Personas

Les personas sont des personnages fictifs qui représentent différents types d'utilisateurs au sein d'un public cible. La création de personas peut faciliter la définition des objectifs de conception en fournissant une représentation tangible de l'utilisateur. Les personas aident les concepteurs à identifier les besoins de leurs utilisateurs et à développer des objectifs qui leur correspondent.

Matrice de priorisation

Une fois qu'une liste d'objectifs de conception potentiels est générée, il est nécessaire de les hiérarchiser. Une matrice de priorisation peut aider à atteindre cet objectif en classant les objectifs en fonction de facteurs tels que l'impact, la faisabilité et l'alignement avec les objectifs commerciaux.

Conseils pour définir les buts et les objectifs de conception

- **Soyez concis** : Des objectifs clairs et concis sont plus faciles à comprendre et à mettre en œuvre.
- **Restez centré sur l'utilisateur** : concentrez-vous sur les besoins et les désirs de l'utilisateur lors de la définition des objectifs de conception.
- **Itérer** : Au fur et à mesure que le projet progresse, révisez et révisez les buts et les objectifs chaque fois que nécessaire.
- **Assurez l'adhésion** : assurez-vous que toutes les parties prenantes sont d'accord avec les buts et les objectifs de conception, en favorisant un sentiment d'objectif et de compréhension partagés.

En conclusion, la définition des buts et objectifs de conception est un aspect essentiel de la conception UX. Une compréhension approfondie des considérations pratiques et des techniques décrites dans cette section permettra aux concepteurs de créer des objectifs significatifs et réalisables qui favorisent le succès de leurs conceptions. N'oubliez pas de rester centré sur l'utilisateur, d'accepter les commentaires des parties prenantes et d'adapter les objectifs de manière itérative pour garantir un processus de conception dynamique et efficace.

Chapitre 4 : Wireframing et prototypage : donner vie aux idées

Dans les chapitres précédents, nous avons exploré l'importance de comprendre les besoins des utilisateurs, d'intégrer une approche de conception centrée sur l'utilisateur et de créer une base solide dans les principes de conception UX. Maintenant, nous sommes prêts à donner vie à nos idées de conception en créant des wireframes et des prototypes.

Le wireframing et le prototypage sont des étapes critiques du processus de conception, permettant aux concepteurs de conceptualiser et de communiquer leurs idées aux autres. Dans ce chapitre, nous couvrirons tout ce que vous devez savoir sur le wireframing et le prototypage - de leurs objectifs et avantages distincts aux meilleures pratiques et divers outils pour donner vie à vos idées de conception UX.

Section 4.1 : Wireframing – jeter les bases

Un wireframe est une représentation visuelle de base d'une interface utilisateur, agissant comme un plan pour votre conception. Il décrit la structure et la mise en page d'une page, comme un squelette ou un cadre. En se concentrant sur la hiérarchie du contenu et les fonctionnalités, les wireframes aident à clarifier vos idées et à les itérer rapidement.

4.1.1 : Le but du wireframing

Les structures filaires vous aident, ainsi que les autres parties prenantes, à comprendre les aspects suivants d'une interface :

1. Structure : une structure filaire définit la structure fondamentale d'une page, en distinguant les zones de contenu, la navigation et les éléments interactifs nécessaires à l'expérience utilisateur.
2. Hiérarchie des informations : en organisant le contenu et d'autres éléments au sein d'une mise en page, les structures filaires illustrent l'importance des différents éléments de la page et établissent la manière dont les utilisateurs interagiront avec eux.
3. Fonctionnalité : les wireframes illustrent les éléments interactifs, démontrant comment les utilisateurs navigueront dans l'interface et les exigences fonctionnelles nécessaires à la mise en œuvre.
4. Relation entre les pages : les structures filaires établissent les bases de la compréhension des interactions de page à page en décrivant le flux de contenu à travers l'interface.

4.1.2 : Fidélité filaire : faible, moyenne et élevée

Les wireframes peuvent être créés avec différents niveaux de détail ou de fidélité. Voici les trois types courants de wireframes :

1. Basse-fidélité : Wireframes rapides et simples qui sont souvent dessinés à la main. Ils sont généralement composés de formes et de lignes simples pour représenter des espaces réservés pour les éléments, ce qui les rend idéaux pour les sessions de brainstorming et les premiers commentaires.
2. Moyenne fidélité : structures filaires légèrement plus détaillées qui incluent des étiquettes et des espaces réservés pour le texte, les boutons et les images. Ils offrent une meilleure compréhension de la mise en page, de la hiérarchie du contenu et des fonctionnalités de base.
3. Haute-Fidélité : Ces structures filaires sont plus raffinées et ressemblent presque à la conception finale. Ils incluent un contenu détaillé, des images réelles, des choix typographiques spécifiques et des éléments d'interface utilisateur avec interactivité.

4.1.3 : Création de structures filaires - Meilleures pratiques et outils

1. Commencez avec un stylo et du papier : Commencez par dessiner des wireframes sur papier - c'est rapide, bon marché et vous permet d'itérer rapidement. Cette étape consiste à sortir des idées de votre tête et à identifier tout problème potentiel avec votre conception.
2. Privilégiez la simplicité : évitez d'utiliser des couleurs, des icônes détaillées ou des images dans vos wireframes. Concentrez-vous sur la structure, la hiérarchie du contenu et la fonctionnalité de l'interface, plutôt que sur son attrait esthétique.
3. Itérer, itérer, itérer ! Le wireframing consiste à tester rapidement des idées et à obtenir des commentaires. Assurez-vous d'impliquer les parties

prenantes et les utilisateurs le plus tôt possible, en intégrant leurs commentaires pour créer de meilleures solutions de conception.

Il existe de nombreux outils disponibles pour créer des wireframes, par exemple Balsamiq, Sketch, Figma et Adobe XD. Choisissez un outil qui convient à vos besoins, votre budget et votre niveau de confort.

Section 4.2 : Prototypage - Donner vie à vos conceptions

Le prototypage va au-delà de la nature statique des wireframes en fournissant une représentation plus réaliste et interactive du produit final. Essentiellement, les prototypes simulent l'expérience d'utilisation d'une application ou d'un site Web, permettant aux parties prenantes de voir et de ressentir la conception.

4.2.1 : Le but du prototypage

Les prototypes offrent plusieurs avantages dans le processus de conception :

1. Interactivité : en simulant l'expérience utilisateur, les prototypes permettent aux parties prenantes d'interagir avec les éléments de conception, en découvrant tout problème d'utilisabilité avant d'investir dans le développement.
2. Commentaires et collaboration : le partage de prototypes avec les utilisateurs et les parties prenantes favorise des conversations significatives

sur la conception, ce qui conduit à des solutions améliorées.

3. Tests et validation : le prototypage vous permet d'effectuer des tests d'utilisabilité avec les utilisateurs, en recueillant des commentaires sur des éléments de conception spécifiques ou des fonctionnalités globales.

4.2.2 : Types de prototypes – basse fidélité à haute fidélité

Les prototypes peuvent être conçus avec différents niveaux de fidélité :

1. Basse fidélité : ces prototypes sont de simples représentations de la conception, souvent créées avec du papier, PowerPoint ou de simples outils numériques. Ils se concentrent sur les interactions de base et les idées de mise en page, offrant un moyen rapide et facile d'obtenir des commentaires individuels.
2. Moyenne fidélité : un prototype plus détaillé qui inclut la conception visuelle et est créé à l'aide d'outils numériques. La fonctionnalité peut être limitée, mais le prototype peut fournir une meilleure compréhension du flux d'utilisateurs et de l'expérience globale.
3. Haute-Fidélité : Le prototype le plus réaliste et interactif qui est très proche du produit final. Les éléments de conception, les fonctionnalités et les interactions ressemblent étroitement au résultat final, et des prototypes haute fidélité peuvent être utilisés pour des tests et une validation approfondis de l'utilisabilité.

4.2.3 : Création de prototypes – Meilleures pratiques et outils

1. Choisissez la bonne fidélité : différentes étapes du processus de conception nécessitent différents niveaux de détail dans les prototypes. Assurez-vous de choisir la bonne fidélité qui correspond aux objectifs du projet et aux besoins des parties prenantes.
2. Commencez simplement : commencez par des prototypes basse fidélité pour tester les interactions et fonctionnalités de base de votre conception. Au fur et à mesure que votre conception évolue, intégrez les commentaires des utilisateurs et les commentaires des parties prenantes pour créer des prototypes plus détaillés.
3. Testez tôt et souvent : les prototypes sont un excellent outil pour effectuer des tests d'utilisabilité. Commencez les tests dès que vous avez un prototype de base et continuez à itérer en fonction des commentaires des utilisateurs.

Les outils populaires de prototypage incluent Sketch, Figma, Adobe XD, InVision et Axure. Sélectionnez l'outil qui correspond à votre flux de travail, aux exigences de votre projet et à votre budget.

Section 4.3 : Du filaire au prototype - Conception du flux utilisateur

Une conception UX réussie ne peut pas être obtenue grâce à des éléments ou des pages isolés - elle repose sur le flux cohérent et transparent des interactions de l'utilisateur tout au long de l'interface. Cette section fournit une vue d'ensemble de la façon d'architecturer les flux d'utilisateurs qui s'alignent sur les objectifs de l'utilisateur et créent une expérience cohérente.

1. Commencez par vos personas d'utilisateur et leurs objectifs : vous souvenez-vous des personas d'utilisateur que vous avez créés aux étapes précédentes ? C'est le moment de les revisiter ! Comprenez leurs besoins, leurs motivations et leurs objectifs, et concevez le flux d'utilisateurs pour répondre à leurs objectifs de manière fluide et intuitive.

2. Créez un inventaire de contenu : sur la base de vos structures filaires, compilez une liste de tous les éléments de contenu et d'interface utilisateur sur chaque page. Organisez et catégorisez cet inventaire pour vous assurer que toutes les informations et fonctionnalités nécessaires sont prises en compte dans le flux d'utilisateurs.

3. Cartographiez le parcours de l'utilisateur : avec une compréhension claire du contenu et des objectifs de l'utilisateur, créez une représentation visuelle de la façon dont les utilisateurs navigueront dans l'interface. Cette carte doit représenter le flux de pages, les interactions et les points de décision, illustrant clairement le chemin vers la réalisation des objectifs de l'utilisateur.

Conclusion

Le wireframing et le prototypage jouent un rôle central dans la concrétisation de vos idées de conception UX. En adoptant les meilleures pratiques, en tirant parti des outils appropriés et en impliquant les parties prenantes tout au long du processus, vous créerez des conceptions qui répondent aux besoins des utilisateurs et offriront des expériences utilisateur mémorables.

Dans le chapitre suivant, nous plongerons dans le monde des principes de conception visuelle et explorerons comment ils influencent l'expérience utilisateur, vous aidant à créer des interfaces esthétiques et conviviales qui ajoutent de la valeur à votre produit ou service.

4.1 Le rôle des wireframes dans la conception UX

Les wireframes sont une partie essentielle du processus de conception UX. Ils agissent comme de simples représentations visuelles ou des plans des différents éléments d'un site Web ou d'une application, aidant les concepteurs à planifier et à optimiser l'expérience utilisateur. Dans cette section, nous allons explorer le rôle des wireframes dans la conception UX, comprendre leurs avantages et apprendre à les créer et à les utiliser efficacement dans vos projets.

Que sont les wireframes ?

Une structure filaire est une disposition de base ou un squelette d'une interface utilisateur (UI) qui décrit la disposition de différents éléments tels que du texte, des images, des boutons et des menus de navigation sur un écran. Il sert de guide aux concepteurs pour visualiser la hiérarchie du contenu, planifier les fonctionnalités et gérer le flux d'utilisateurs entre différentes pages ou sections. Les wireframes peuvent aller de simples dessins au stylo et au papier à des conceptions numériques créées avec des outils de wireframing professionnels tels que Sketch, Figma ou Adobe XD.

L'importance des wireframes dans la conception UX

Les wireframes jouent un rôle crucial dans le processus de conception UX pour plusieurs raisons :

1. **Communication et collaboration** : les structures filaires vous aident à transmettre vos idées et vos concepts de conception aux clients, aux parties prenantes et aux membres de l'équipe de manière plus claire et plus efficace. Ils peuvent combler le fossé entre les équipes de conception et de développement, ce qui facilite la collaboration sur les projets et garantit que tout le monde est sur la même longueur d'onde concernant le résultat souhaité.
2. **Gain de temps et de ressources** : la création de structures filaires au début du processus de conception peut aider à identifier les problèmes ou les incohérences potentiels, ce qui vous permet d'apporter les modifications nécessaires avant d'investir du temps et des ressources dans la création de conceptions ou de prototypes haute fidélité. Cela peut vous éviter des reconceptions coûteuses et des retouches plus tard dans le cycle de vie du projet.

3. **Hiérarchie du contenu et planification de la mise en page :** les structures filaires permettent aux concepteurs de hiérarchiser et d'organiser le contenu, en veillant à ce que les éléments cruciaux soient facilement accessibles et esthétiques. Cela permet de créer une expérience utilisateur fluide et intuitive qui répond aux besoins de votre public cible.

4. **Tests d'utilisabilité et commentaires :** les structures filaires peuvent également servir de base aux tests d'utilisabilité et à la collecte de commentaires des utilisateurs finaux. Le test des wireframes vous permet d'identifier les points faibles potentiels et les domaines à améliorer dans la conception, ce qui peut éclairer vos décisions de conception à l'avenir.

Types de structures filaires

Il existe trois principaux types de wireframes que les concepteurs utilisent généralement dans leur processus de conception UX :

1. **Wireframes basse fidélité :** ces wireframes sont souvent dessinés à la main ou créés à l'aide d'outils numériques de base, en se concentrant principalement sur la disposition et la structure de l'interface. Les wireframes basse fidélité sont rapides et faciles à créer, ce qui en fait un point de départ idéal pour explorer des idées et itérer sur des conceptions.

2. **Wireframes de moyenne fidélité :** les wireframes de moyenne fidélité contiennent plus de détails que les wireframes de faible fidélité, tels que des annotations supplémentaires, des styles de police et des éléments d'interface utilisateur spécifiques.

Cependant, ils manquent toujours d'éléments de conception visuelle comme les couleurs, les images et la typographie finale. Ces wireframes sont utiles pour hacher plus en détail le flux d'utilisateurs, la navigation et la hiérarchie de contenu.

3. **Wireframes haute fidélité :** les wireframes haute fidélité sont les plus détaillés et les plus raffinés, ressemblant étroitement à la conception finale de l'interface utilisateur. Ces wireframes incluent souvent des éléments de conception visuelle comme les couleurs, la typographie et les images, fournissant une représentation plus précise du produit fini. Les wireframes haute fidélité sont généralement utilisés pour présenter des conceptions aux parties prenantes et aux développeurs, ainsi que pour effectuer des tests d'utilisabilité avec les utilisateurs.

Conseils pour créer des wireframes efficaces

Pour tirer le meilleur parti des wireframes dans votre processus de conception UX, pensez à suivre ces bonnes pratiques :

1. **Commencez avec des structures filaires basse fidélité :** Commencer par de simples croquis dessinés à la main vous permet d'explorer rapidement diverses idées de conception et de les réitérer sans investir beaucoup de temps et d'efforts. Cela peut vous aider à établir une base solide avant de passer à des wireframes numériques plus détaillés.

2. **Concentrez-vous sur la hiérarchie du contenu et le flux d'utilisateurs :** rappelez-vous que l'objectif principal d'un wireframe est de planifier la mise en

page et le flux d'utilisateurs de l'interface. Évitez de vous laisser prendre par les détails de la conception visuelle à ce stade et concentrez-vous plutôt sur la structure, l'organisation et la hiérarchie du contenu.

3. **Utilisez des modèles et des éléments d'interface utilisateur cohérents** : utilisez des modèles et des éléments d'interface utilisateur communs pour vous assurer que votre structure filaire offre une expérience utilisateur transparente et intuitive. La cohérence peut aider vos utilisateurs à naviguer et à interagir facilement avec votre conception, réduisant ainsi les frustrations potentielles.

4. **Sollicitez des commentaires et itérez** : partagez vos wireframes avec les clients, les parties prenantes et les membres de l'équipe pour recueillir des informations précieuses et apporter les ajustements nécessaires à votre conception. Soyez ouvert aux commentaires et aux critiques, car cela peut vous aider à identifier les domaines potentiels d'amélioration et à créer une expérience utilisateur plus efficace.

5. **Documentez et annotez vos structures filaires** : ajoutez des annotations détaillées à vos structures filaires pour expliquer la fonctionnalité et l'objectif d'éléments d'interface utilisateur spécifiques. Cela peut aider à clarifier vos intentions de conception, en particulier lors de la présentation de vos wireframes aux clients ou aux développeurs.

En conclusion, les wireframes sont un outil indispensable pour les concepteurs UX, aidant à visualiser et à planifier l'expérience utilisateur d'un site Web ou d'une application. En utilisant efficacement les wireframes, vous pouvez considérablement améliorer la qualité et l'efficacité de vos conceptions, ce qui conduit à des produits plus réussis et plus agréables pour vos utilisateurs.

4.2 Création de prototypes basse fidélité et haute fidélité

Lorsqu'il s'agit de créer un produit ou un service numérique, le prototypage joue un rôle crucial dans le processus de conception UX. Un prototype est une étape essentielle pour aider les concepteurs, les développeurs et les parties prenantes à aligner leurs idées et leurs visions, leur permettant de tester et de valider les conceptions avant de s'engager dans la construction du produit final. En tant que concepteur UX, il est important de comprendre les prototypes basse fidélité et haute fidélité, leurs différences, leurs avantages et comment les créer et les utiliser.

Prototypes basse fidélité

Le prototypage basse fidélité, comme son nom l'indique, fait référence à la création d'une version de base simplifiée de votre conception avec un minimum de fonctionnalités. Il peut s'agir de simples croquis dessinés à la main, de structures filaires ou de modèles papier non interactifs ou dont l'interactivité est limitée.

Avantages des prototypes basse fidélité

- Vitesse : les prototypes basse fidélité peuvent être créés rapidement, ce qui permet au concepteur d'explorer, d'itérer et de tester efficacement plusieurs idées.
- Rentabilité : ils nécessitent moins de temps et de ressources pour créer et apporter des modifications, ce qui permet une plus grande expérimentation des conceptions.
- Concentrez-vous sur la fonctionnalité : comme les conceptions sont simples, elles permettent aux concepteurs et aux parties prenantes de se concentrer sur la structure et la fonctionnalité globales sans être distraits par le contenu ou les éléments visuels.
- Collaboration : les prototypes basse fidélité sont faciles à comprendre, permettant la communication et la collaboration d'équipe, car ils permettent à chacun d'apporter ses idées et ses commentaires.

Création de prototypes basse fidélité

1. **Déterminez vos objectifs** : identifiez les fonctionnalités clés, les flux d'utilisateurs et le problème que vous souhaitez résoudre via le prototype. Établissez un objectif clair pour la création du prototype avant de commencer à dessiner ou à concevoir.
2. **Choisissez un outil** : Selon le niveau de détail dont vous avez besoin et vos préférences, vous

pouvez opter pour des croquis dessinés à la main, des outils de wireframing ou de simples logiciels de présentation comme PowerPoint ou Keynote.

3. **Esquissez vos idées** : commencez par des croquis approximatifs de la mise en page, de la structure générale et des éléments clés, tels que la navigation, les boutons ou les formulaires.

4. **Créez des écrans et des wireframes** : Affinez vos croquis en wireframes plus détaillés. Cela peut inclure des mises en page de base de chaque écran, ainsi que des boutons, des étiquettes, des en-têtes et du contenu.

5. **Ajouter des interactions** : Si nécessaire, vous pouvez ajouter des interactions de base comme les clics de bouton, la navigation entre les écrans à l'aide d'outils comme InVision ou Marvel.

6. **Testez et itérez** : partagez le prototype avec des parties prenantes ou des utilisateurs potentiels, recueillez des commentaires, itérez et affinez votre conception en fonction de leurs idées.

Prototypes haute fidélité

Le prototypage haute fidélité consiste à créer des versions plus détaillées, interactives et plus proches de la version finale de votre conception. Ces prototypes intègrent des visuels, du contenu, des animations et des interactions, qui ressemblent étroitement au produit final.

Avantages des prototypes haute fidélité

- Réalisme : les prototypes haute fidélité aident les utilisateurs, les parties prenantes et les concepteurs à visualiser et à comprendre à quoi ressemblera et fonctionnera le produit final.
- Tests d'utilisabilité : ils permettent des tests plus précis de l'utilisabilité, du contenu et des interactions avec les utilisateurs.
- Collaboration : les prototypes haute fidélité sont utiles pour communiquer les spécifications et les idées de conception aux développeurs ou aux autres membres de l'équipe qui travailleront sur le produit final.
- Adhésion des parties prenantes : elles peuvent aider à convaincre les parties prenantes de la valeur et du potentiel d'une conception.

Création de prototypes haute fidélité

1. **Déterminez vos objectifs** : comme pour le prototype basse fidélité, établissez l'objectif, les flux d'utilisateurs et les fonctionnalités clés que vous souhaitez représenter et tester dans votre prototype haute fidélité.
2. **Choisissez un outil** : Utilisez des outils de conception professionnels comme Sketch, Figma, Adobe XD ou similaire pour créer des visuels et des interactions de haute qualité pour votre prototype.
3. **Créez des conceptions d'interface utilisateur détaillées** : sur la base de vos structures filaires, créez des conceptions d'interface utilisateur soignées qui intègrent la typographie, la couleur, les icônes et d'autres éléments visuels. Cette étape peut impliquer de travailler en étroite collaboration avec les concepteurs d'interface utilisateur.

4. **Ajoutez des interactions et des animations** : utilisez des outils de prototypage tels que ProtoPie, Principle ou des outils intégrés dans Figma ou Adobe XD pour créer des interactions, des transitions et des animations qui reproduisent le fonctionnement du produit final.

5. **Tester et itérer** : Effectuez des tests d'utilisabilité avec les utilisateurs, recueillez les commentaires des parties prenantes et continuez à affiner et à améliorer votre prototype en fonction des informations recueillies.

6. **Transmettre les conceptions aux développeurs** : une fois le prototype approuvé, vous devrez fournir aux développeurs les spécifications de conception, les ressources et les autres informations pertinentes nécessaires pour créer le produit final.

Conclusion

Les prototypes basse fidélité et haute fidélité ont des objectifs différents dans le processus de conception UX. Les prototypes basse fidélité sont rapides, économiques et aident à communiquer le concept global et les fonctionnalités, tandis que les prototypes haute fidélité fournissent une représentation plus réaliste du produit final, permettant des tests d'utilisabilité précis et l'adhésion des parties prenantes.

En tant que concepteur UX, il est essentiel de comprendre quand utiliser chaque type de prototype et de maîtriser les outils et les processus nécessaires pour les créer et les itérer. En tirant efficacement parti des prototypes basse et haute fidélité, vous pouvez assurer une validation, une communication et une collaboration réussies dans vos projets de conception UX.

4.3 Outils et logiciels de prototypage interactif

Le prototypage interactif est une partie essentielle du processus de conception UX. Il permet aux concepteurs de tester et de valider leurs idées, en s'assurant que les interfaces utilisateur et les interactions sont efficaces et attrayantes. Pour faciliter cela, de nombreux outils et logiciels ont été développés pour aider à la création de prototypes interactifs. Dans cette section, nous explorerons certains des outils de prototypage interactif les plus populaires et les plus puissants disponibles sur le marché.

4.3.1 Adobe XD

Adobe XD est un outil de conception d'expérience utilisateur vectoriel développé par Adobe Systems. Il permet aux concepteurs de créer des wireframes, des maquettes et des prototypes interactifs pour les applications Web et mobiles. Adobe XD offre un large éventail de fonctionnalités, notamment :

- Outils collaboratifs pour le partage en temps réel, les commentaires et la gestion des actifs
- Capacités de conception réactive et de prévisualisation des appareils

- Intégration avec les applications Adobe Creative Cloud telles que Photoshop et Illustrator
- La possibilité de créer des éléments d'interface utilisateur réutilisables appelés composants

Adobe XD est disponible pour les systèmes d'exploitation Mac et Windows.

4.3.2 Croquis

Sketch est un logiciel Mac uniquement utilisé principalement pour concevoir des interfaces utilisateur et des icônes au pixel près. Il propose une large gamme d'outils pour créer une interface utilisateur qui s'adapte à différents appareils et tailles d'écran. Certaines fonctionnalités notables de Sketch incluent:

- Symboles, composants d'interface utilisateur réutilisables qui peuvent être facilement mis à jour sur l'ensemble de votre projet
- Capacités d'exportation qui facilitent la génération de ressources pour les développeurs
- Plugins et intégrations avec des outils populaires tels que InVision, Zeplin et Abstract
- Une puissante boîte à outils d'édition vectorielle pour l'interface utilisateur et la conception d'icônes

4.3.3 Studio InVision

InVision Studio est une plateforme de conception tout-en-un conçue pour la conception, le prototypage et la collaboration sur des projets. InVision Studio offre des fonctionnalités pour la conception et le prototypage, telles que :

- Organisation flexible des calques et des plans de travail pour une meilleure gestion de projet
- Des outils de conception réactifs qui adaptent vos mises en page à différentes tailles d'écran et orientations d'appareils
- Capacités robustes de contrôle de version et de résolution de conflits
- Animations et transitions avancées pour créer des prototypes interactifs et attrayants

InVision Studio est disponible pour les systèmes d'exploitation Mac et Windows.

4.3.4 Figue

Figma est un outil de conception basé sur le cloud qui facilite la collaboration entre les concepteurs et les parties prenantes en temps réel. Les fonctionnalités de Figma incluent :

- Collaboration multijoueur, avec la possibilité de travailler simultanément sur le même fichier
- Un système de conception partagé pour maintenir une apparence et une convivialité cohérentes d'un projet à l'autre
- Capacités de prototypage incluant des interactions et des animations
- Fonctionnalité de mise en page automatique pour faciliter la conception réactive

Figma est accessible via un navigateur ou via des applications de bureau pour les systèmes d'exploitation Mac et Windows.

4.3.5 Axure RP

Axure RP est un puissant outil de prototypage qui répond aux interactions et aux flux d'utilisateurs plus complexes. Avec Axure, les concepteurs peuvent créer des prototypes détaillés et haute fidélité sans écrire de code. Les fonctionnalités d'Axure RP incluent :

- Interface glisser-déposer pour créer des prototypes interactifs à partir de zéro
- Logique conditionnelle et contenu dynamique pour simuler des expériences utilisateur réalistes
- Composants de conception personnalisés et vaste bibliothèque de widgets prêts à l'emploi
- Fonctionnalités collaboratives pour les projets en équipe

Axure RP est disponible pour les systèmes d'exploitation Mac et Windows.

4.3.6 Principe

Principle est un logiciel pour Mac uniquement destiné à créer des animations et des interactions avancées pour la conception d'interface utilisateur. Principle se distingue par sa capacité à réaliser facilement des prototypes complexes et interactifs. Certaines de ses fonctionnalités incluent :

- Une interface basée sur la chronologie qui simplifie le processus de création d'animations et de transitions

- Une conception basée sur les composants, permettant la réutilisation et la cohérence entre les plans de travail
- La possibilité d'importer des conceptions de Sketch et Figma

4.3.7 Proto.io

Proto.io est un outil de prototypage basé sur le Web qui se concentre sur la création de prototypes d'applications mobiles, avec des gestes tactiles, des animations et des transitions. Avec Proto.io, les concepteurs peuvent :

- Concevez directement dans le navigateur ou importez des ressources depuis Sketch ou Photoshop
- Tirez parti des bibliothèques intégrées de composants d'interface utilisateur iOS et Android
- Utilisez des plugins et des intégrations pour la collaboration et les tests utilisateurs
- Collaborez avec les membres de l'équipe et les parties prenantes en partageant un lien direct vers le prototype

4.3.8 Émerveillement

Marvel est une autre plate-forme de prototypage basée sur un navigateur. Il permet aux concepteurs de créer facilement et rapidement des prototypes interactifs. Merveille propose :

- Une interface conviviale pour la conception, le prototypage et les tests

- Intégrations avec des outils tels que Sketch, Dropbox et Google Drive
- Un environnement collaboratif pour les équipes, incluant des fonctionnalités de commentaires et de feedback
- La possibilité de créer des tests utilisateurs et de capturer les commentaires directement à partir de votre prototype

Conclusion

Avec la pléthore d'outils et de logiciels de prototypage interactifs disponibles, il est crucial de choisir celui qui correspond le mieux aux besoins spécifiques de votre projet, à la taille de votre équipe et à vos préférences personnelles. En explorant ces options, vous serez sur la bonne voie pour maîtriser l'art de la conception UX et créer des expériences attrayantes et interactives pour les utilisateurs.

4.4 Tester et itérer sur des prototypes

Une fois que vous avez créé vos prototypes, la prochaine étape du processus de conception UX consiste à tester et à itérer sur ces conceptions. Les tests sont un élément essentiel du processus de conception, car ils vous permettent de recueillir des commentaires précieux, d'identifier les points faibles et de prendre des décisions basées sur les données pour améliorer l'expérience utilisateur. Dans cette section, nous explorerons l'importance de tester et d'itérer sur des prototypes, les différentes méthodes de test et les meilleures pratiques pour tester et itérer efficacement.

L'importance des tests et des itérations sur les prototypes

Tester et itérer sur des prototypes est crucial pour plusieurs raisons :

1. **Identification des problèmes d'utilisabilité :** sans tests appropriés, vous risquez de ne pas identifier les problèmes d'utilisabilité potentiels, ce qui entraînera une expérience utilisateur moins qu'optimale une fois le produit lancé. Les tests vous permettent de trouver et de résoudre ces problèmes avant que le produit n'atteigne les utilisateurs finaux.
2. **Hypothèses de test :** le processus de conception est souvent rempli d'hypothèses sur le comportement, les préférences et les besoins de l'utilisateur. Les tests vous permettent de valider ces hypothèses et de faire les ajustements nécessaires pour créer une meilleure conception.
3. **Gain de temps et de ressources :** plus tôt vous identifiez et résolvez les problèmes d'utilisabilité, moins il faut de temps et d'efforts pour les résoudre. Les tests et les itérations sur les prototypes peuvent économiser du temps, des efforts et de l'argent à long terme en minimisant le besoin de changements majeurs et de reconceptions plus tard dans le processus de développement.
4. **Augmenter la satisfaction des utilisateurs :** les tests de prototypes garantissent que le produit répond aux attentes des utilisateurs et offre une expérience

agréable. Ceci, à son tour, se traduit par une plus grande satisfaction, fidélité et rétention des utilisateurs.

Méthodes de test

Il existe plusieurs méthodes pour tester les prototypes, y compris, mais sans s'y limiter :

1. Tests d'utilisabilité

Les tests d'utilisabilité consistent à observer de vrais utilisateurs lorsqu'ils interagissent avec votre prototype pour identifier tout problème d'utilisabilité. Cela peut être fait en personne ou à distance à l'aide de divers outils de test d'utilisabilité. Certaines méthodes courantes de test d'utilisabilité incluent :

- **Protocole de réflexion à voix haute :** les utilisateurs sont invités à verbaliser leurs pensées lorsqu'ils interagissent avec le prototype, en fournissant des informations sur leur processus de réflexion et en découvrant les problèmes qu'ils peuvent rencontrer.
- **Tests basés sur les tâches :** les utilisateurs se voient confier des tâches spécifiques à accomplir à l'aide du prototype, ce qui vous permet d'évaluer l'efficacité, l'efficacité et la satisfaction de votre conception.
- **Analyse du premier clic :** cette méthode consiste à observer le premier clic effectué par les utilisateurs sur le prototype, ce qui vous aide à déterminer si les utilisateurs peuvent facilement accéder à leur destination à l'aide de votre conception.

2. Tests A/B

Les tests A/B impliquent la création de deux variantes ou plus de votre prototype, puis l'affectation aléatoire d'utilisateurs pour interagir avec chaque version. L'objectif est de déterminer quelle variante fonctionne le mieux en termes d'objectifs de conception spécifiques, tels que les conversions, l'achèvement des tâches et la satisfaction des utilisateurs.

3. Examen par des experts

Les revues d'experts consistent à demander à des experts en utilisabilité ou en conception d'évaluer votre prototype pour identifier les problèmes et fournir des recommandations basées sur leur expertise. Cette méthode peut être utile pour identifier rapidement les problèmes critiques que les utilisateurs pourraient ne pas reconnaître ou ne pas être en mesure d'articuler.

4. Évaluation heuristique

L'évaluation heuristique est une autre technique d'examen par des experts, où le prototype est examiné sur la base d'heuristiques d'utilisabilité établies. Il peut identifier les problèmes qui peuvent ne pas apparaître lors des tests d'utilisabilité, fournissant une évaluation plus complète de votre conception.

5. Analyses et suivi

Des outils d'analyse et de suivi peuvent être utilisés pour évaluer les performances de votre prototype en termes de comportement des utilisateurs, de flux d'utilisateurs et d'achèvement des tâches. Cela vous aide à générer des informations basées sur les données qui peuvent éclairer vos décisions de conception.

Meilleures pratiques pour tester et itérer sur des prototypes

Pour garantir l'efficacité des tests et des itérations, tenez compte des bonnes pratiques suivantes :

1. **Commencez à tester tôt et testez souvent :** commencez à tester dès que vous avez un prototype, même s'il s'agit d'une version basse fidélité. Les tests précoces permettent d'identifier les problèmes majeurs avant d'investir du temps et des efforts pour affiner la conception.
2. **Incorporez un ensemble varié d'utilisateurs :** incluez un large éventail d'utilisateurs dans votre processus de test pour obtenir une vue plus complète de l'expérience utilisateur. Cela garantit que votre conception répond aux besoins des différents types d'utilisateurs et cas d'utilisation.
3. **Itérer en fonction des commentaires :** utilisez les informations issues des tests pour informer votre prochaine itération du prototype. Assurez-vous d'itérer votre conception pour résoudre tous les problèmes identifiés et améliorer continuellement l'expérience utilisateur.
4. **Mesurez le succès à l'aide de métriques pertinentes :** établissez des métriques spécifiques

pour mesurer le succès de votre conception, telles que le taux d'achèvement des tâches, le taux d'erreur ou les scores de satisfaction des utilisateurs. Ces mesures vous aideront à déterminer si les modifications apportées au cours du processus d'itération ont un impact et si des tests supplémentaires sont nécessaires.

5. **Documentez les résultats et les informations :** conservez une documentation complète de vos résultats de test, y compris les problèmes identifiés, les recommandations faites et les itérations de conception. Cette documentation peut s'avérer inestimable pour les futures décisions de conception et les rapports sur le succès de votre conception.

Dans l'ensemble, tester et itérer sur des prototypes est un aspect essentiel du processus de conception UX. Il vous permet de créer un design meilleur et plus raffiné qui offre une expérience utilisateur optimale. En tirant parti de diverses méthodes de test et en suivant les meilleures pratiques, vous pouvez vous assurer que votre conception répond aux besoins et aux attentes de vos utilisateurs cibles tout en adhérant aux tendances futures de la conception UX.

4.5 Communication des concepts de conception aux parties prenantes

Lorsque vous travaillez sur un projet de conception UX, il est essentiel de communiquer efficacement vos concepts de conception aux parties prenantes. Les parties prenantes, dans ce cas, peuvent inclure les clients, la direction, les membres de l'équipe ou tout autre individu ou groupe ayant un intérêt direct dans la réussite du projet. Souvent, ces parties prenantes ont différents niveaux d'expertise technique, de préoccupations, d'attentes et de désirs.

Dans cette section, nous explorerons certaines stratégies clés pour présenter clairement et de manière convaincante vos concepts de conception aux parties prenantes, en veillant à ce qu'elles comprennent la valeur et le potentiel de votre travail. En tenant compte de leurs besoins, préférences et préoccupations, vous pouvez adapter votre style de communication et votre contenu pour optimiser l'engagement et le soutien des parties prenantes.

Choisir le bon format de communication

La sélection du format approprié pour présenter vos concepts de conception dépend des besoins et des préférences spécifiques de vos parties prenantes. Certains préféreront peut-être une présentation en direct, tandis que d'autres préféreront un rapport détaillé ou un prototype interactif. Il est essentiel de déterminer quels formats transmettront le mieux votre message et engageront votre auditoire.

Les formats courants pour communiquer les concepts de conception aux parties prenantes comprennent :

- **Rapports écrits :** ces documents peuvent fournir des explications détaillées sur vos concepts de conception et communiquer des données à l'aide de graphiques, de graphiques et de tableaux. Ce format permet aux parties prenantes d'examiner et d'assimiler les informations à leur propre rythme.

- **Présentations de diapositives** : les jeux de diapositives peuvent présenter des visuels et un bref contenu écrit côte à côte, offrant un équilibre entre les informations visuelles et textuelles. Les présentations sont particulièrement utiles pour les réunions en personne ou virtuelles avec les parties prenantes.
- **Prototypes interactifs** : les prototypes peuvent démontrer la fonctionnalité et l'interactivité de votre conception, permettant aux parties prenantes de découvrir comment cela pourrait fonctionner dans un environnement réel. Ce format peut être particulièrement efficace pour transmettre la « sensation » de la conception et présenter des caractéristiques innovantes.
- **Vidéos** : Une vidéo bien produite peut démontrer vos concepts de conception à l'aide d'animations, d'enregistrements d'écran et de démonstrations en direct. Ce format est utile pour démontrer visuellement des concepts ou des processus complexes qui peuvent ne pas être facilement compris à travers des images ou du texte statiques.
- **Infographies** : si vous avez des concepts de conception riches en données, une infographie visuellement attrayante peut être le meilleur moyen de communiquer vos résultats. Essayez d'utiliser des graphiques accrocheurs qui simplifient les points de données complexes pour une meilleure compréhension.

Principes directeurs pour communiquer efficacement les concepts de conception

1. Connaissez votre public

Comprendre les besoins, les préférences et les préoccupations de vos parties prenantes est essentiel pour présenter efficacement vos concepts de conception. Faites un effort pour en savoir plus sur leurs antécédents, leurs rôles et leurs attentes, et adaptez votre présentation en conséquence.

2. Soyez clair et concis

Évitez le jargon et le langage trop technique, car cela peut prêter à confusion pour les non-concepteurs. Concentrez-vous sur l'utilisation d'explications et d'exemples simples, même pour des concepts complexes. Cela peut aider les parties prenantes à mieux comprendre la justification de vos choix de conception et l'impact potentiel de ces décisions.

3. Racontez une histoire

Les parties prenantes sont plus susceptibles de s'engager et de se souvenir de vos concepts s'ils peuvent s'y identifier personnellement. Présentez vos idées à l'aide d'exemples pertinents, de témoignages d'utilisateurs et de scénarios pour aider les parties prenantes à envisager les avantages de votre conception.

4. Utilisez des visuels pour soutenir votre message

Les visuels peuvent souvent communiquer des idées complexes plus efficacement que les mots. Envisagez d'incorporer des images, des diagrammes et des vidéos dans votre présentation pour renforcer votre message et aider les parties prenantes à mieux comprendre vos concepts de conception.

5. Soyez prêt pour les questions et les commentaires

Les parties prenantes peuvent soulever des questions, des préoccupations ou exprimer leurs opinions lors de votre présentation. Soyez ouvert à leurs commentaires et répondez avec patience, empathie et professionnalisme. Répondre à leurs questions et préoccupations démontre votre investissement dans leur satisfaction à l'égard de votre travail.

6. Suivi

Après avoir présenté vos concepts de conception, effectuez un suivi auprès des parties prenantes pour recueillir leurs commentaires et répondre aux questions restantes. Cela permet de garantir leur engagement continu et leur compréhension de votre projet.

Démontrer la valeur de votre conception

Une communication efficace des concepts de conception va au-delà de la présentation d'un message poli et convaincant aux publics des parties prenantes. Il est essentiel de démontrer la valeur de votre conception en discutant de ses avantages et de son impact potentiel.

- **Expliquez vos décisions de conception :** discutez de la justification de vos choix et de la manière dont ils correspondent aux objectifs du projet et aux préoccupations des parties prenantes. Décrivez comment vos recherches et vos données ont éclairé vos décisions et montrez comment vos solutions répondent aux besoins des utilisateurs.
- **Présentez des améliorations mesurables :** utilisez des données quantitatives pour mettre en évidence les avantages tangibles de votre conception. Par exemple, montrez comment votre conception peut augmenter l'engagement des utilisateurs, réduire les taux de rebond ou améliorer les délais d'exécution des tâches.
- **Discutez des avantages à long terme :** décrivez comment la mise en œuvre de vos concepts de conception peut conduire à un produit plus convivial, à une satisfaction client accrue et, en fin de compte, à des revenus plus élevés et à un meilleur positionnement sur le marché.

En conclusion, communiquer efficacement vos concepts de conception aux parties prenantes est une compétence cruciale dans le processus de conception UX. En choisissant les bons formats de communication et en utilisant les principes directeurs présentés ci-dessus, vous pouvez vous assurer que vos parties prenantes comprennent et apprécient la pleine valeur de votre travail. Cela conduira finalement à un plus grand soutien et à un plus grand engagement pour vos projets, ce qui se traduira par de meilleurs résultats et la satisfaction de toutes les parties impliquées.

Chapitre 5 : Tests et validation des utilisateurs : garantir l'utilisabilité et la satisfaction

Dans tout projet de conception UX, les tests et la validation des utilisateurs sont des étapes essentielles pour garantir que le produit répond aux besoins de son public cible, optimise l'expérience utilisateur globale et suscite la satisfaction. Dans ce chapitre, nous discuterons de l'importance des tests et de la validation des utilisateurs, des différentes méthodes et techniques de test, et de la manière d'analyser et d'appliquer les résultats pour affiner et améliorer l'expérience utilisateur.

5.1 L'importance des tests utilisateurs et de la validation

Les tests et la validation des utilisateurs ne sont pas facultatifs dans un processus de conception UX réussi - ils sont essentiels. Ces étapes fournissent des informations inestimables sur la manière dont les utilisateurs réels interagissent avec un produit et le perçoivent, ce qui permet aux concepteurs de valider leurs hypothèses, d'identifier les points faibles et d'optimiser la convivialité du produit.

En impliquant les utilisateurs tout au long du processus de conception, vous pouvez vous assurer que le produit final est plus susceptible de :

- Répondre aux besoins et aux attentes des utilisateurs
- Minimiser le potentiel de problèmes d'utilisabilité
- Stimulez la satisfaction et la fidélité des utilisateurs
- Augmenter les taux d'adoption et de rétention des utilisateurs

5.2 Méthodes de test utilisateur

Il existe de nombreuses méthodes de test utilisateur à la disposition des concepteurs, chacune avec son propre ensemble de forces et de faiblesses. Il est essentiel de sélectionner la ou les bonnes méthodes pour votre projet spécifique, en fonction de facteurs tels que l'étape du projet, les objectifs de recherche, le budget et les contraintes de temps.

5.2.1 Test utilisateur modéré

Les tests utilisateurs modérés impliquent un facilitateur guidant les participants à travers diverses tâches lors de l'utilisation du produit. Le facilitateur peut poser des questions, fournir un soutien et approfondir les processus de réflexion de l'utilisateur. Cette méthode permet plus d'interaction et la découverte d'informations qui pourraient ne pas être apparentes à partir de tests non modérés.

Avantages :

- Capacité à poser des questions de suivi ou à clarifier des instructions
- La flexibilité d'ajuster le test en fonction des commentaires des participants
- Des informations plus approfondies sur le comportement des utilisateurs et les processus de pensée

Limites:

- Peut être chronophage, coûteux et laborieux
- La présence de l'animateur peut influencer le comportement de l'utilisateur

5.2.2 Test utilisateur non modéré

Les tests utilisateurs non modérés impliquent que les participants utilisent le produit sans la présence d'un facilitateur, l'ensemble du processus étant généralement enregistré pour une analyse ultérieure. Cette méthode est moins intrusive, plus rapide à mettre en œuvre et plus évolutive que les tests modérés.

Avantages :

- Plus rentable et évolutif
- Les utilisateurs peuvent fournir des commentaires plus honnêtes et moins biaisés
- Les résultats peuvent être plus représentatifs de scénarios d'utilisation réels

Limites:

- Moins d'opportunités pour des informations approfondies, des sondages ou des clarifications
- Dépendance aux données enregistrées pour l'analyse, ce qui peut prendre du temps

5.2.3 Tests de guérilla

Les tests de guérilla sont une méthode de test utilisateur à petit budget, rapide et informelle, où les concepteurs approchent les utilisateurs potentiels dans les espaces publics pour recueillir des commentaires immédiats sur le produit. Cette méthode est idéale pour une rétroaction rapide et la validation des hypothèses de base, mais peut manquer de la profondeur et de la rigueur des approches de test plus structurées.

Avantages :

- Rapide et économique
- Permet une rétroaction immédiate en face à face

Limites:

- Taille et portée limitées de l'échantillon
- Peut manquer de profondeur et de rigueur par rapport aux autres méthodes

5.3 Tests utilisateurs : bonnes pratiques

Pour optimiser la valeur et l'efficacité de vos efforts de test utilisateur, gardez à l'esprit ces bonnes pratiques :

1. **Fixez des objectifs clairs** : Avant de commencer vos tests, définissez vos questions et objectifs de recherche. Savoir ce que vous voulez atteindre vous aidera à sélectionner la méthode de test appropriée et à guider le processus tout au long.
2. **Sélectionnez les bons participants** : assurez-vous que vos participants au test sont représentatifs de votre groupe démographique d'utilisateurs cible. N'oubliez pas que c'est la qualité, et non la quantité, des informations qui compte le plus.
3. **Rendez-le réaliste** : dans la mesure du possible, utilisez des prototypes réels ou haute fidélité et créez des scénarios réalistes pour aider les utilisateurs à se mettre dans l'état d'esprit d'une utilisation réelle.
4. **Documentez tout** : enregistrez les aspects audio et visuels des sessions de test et prenez des notes détaillées pour faciliter une analyse ultérieure.
5. **Analysez et appliquez les résultats** : analysez les données collectées lors de vos tests utilisateur pour identifier les tendances, les idées et les domaines à améliorer. Utilisez ces informations pour itérer sur la conception et affiner l'expérience utilisateur.

5.4 Quantifier la satisfaction : mesurer le succès

La satisfaction fait partie intégrante de l'expérience utilisateur, et il est essentiel de disposer d'indicateurs concrets pour mesurer le succès de votre produit dans ce domaine. Certains indicateurs de satisfaction courants incluent :

5.4.1 Échelle d'utilisabilité du système (SUS)

L'échelle d'utilisabilité du système (SUS) est une enquête standardisée de 10 questions qui mesure l'utilisabilité perçue. Il fournit un moyen fiable et simple d'évaluer la satisfaction des utilisateurs et peut aider les concepteurs à comparer la convivialité de différents produits ou itérations.

5.4.2 Net Promoter Score (NPS)

Le Net Promoter Score (NPS) est une mesure de satisfaction simple et largement reconnue calculée en demandant aux utilisateurs quelle est la probabilité qu'ils recommandent votre produit à d'autres. Il est utile pour évaluer la satisfaction globale des utilisateurs et identifier les défenseurs ou les détracteurs des clients.

5.4.3 Taux d'achèvement des tâches et temps consacré à la tâche

Le suivi du pourcentage d'utilisateurs qui terminent avec succès les tâches et le temps qu'il leur faut pour le faire peut révéler des domaines où les utilisateurs peuvent rencontrer des problèmes d'utilisabilité ou où le produit ne répond pas aux besoins des utilisateurs.

En mesurant et en appliquant continuellement ces mesures de satisfaction, les concepteurs UX peuvent s'assurer que leurs produits restent axés sur l'utilisateur, satisfaisants et performants.

5.5 Conclusion

Les tests et la validation des utilisateurs sont des éléments fondamentaux d'un processus de conception UX robuste. En testant votre produit de manière itérative avec de vrais utilisateurs et en appliquant les connaissances acquises, vous pouvez créer des expériences qui répondent aux besoins des utilisateurs, stimulent la satisfaction et garantissent le succès global du produit. N'oubliez pas que les tests utilisateurs ne sont pas un aspect unique de la conception ; il s'agit d'un processus continu et itératif qui doit être adopté tout au long de la vie d'un produit.

5.1 Planification et réalisation de sessions de test utilisateur

Les tests utilisateurs sont une phase essentielle du processus de conception UX. Cela implique d'évaluer la conception et la fonctionnalité d'un produit, d'un service ou d'une plate-forme en faisant interagir de vrais utilisateurs avec lui dans un environnement contrôlé. Ce processus permet de découvrir les problèmes d'utilisabilité, d'évaluer l'expérience utilisateur globale et de valider si le produit répond aux besoins et aux attentes de son public cible. Dans cette section, nous aborderons le processus de planification et de conduite des sessions de test utilisateur.

5.1.1 Définition des objectifs de test utilisateur

Avant de procéder à tout test utilisateur, il est crucial d'établir des objectifs clairs pour ce que vous souhaitez atteindre. Cela guidera la conception des sessions de test et garantira que les résultats sont significatifs et exploitables. Posez-vous des questions comme :

- Que voulons-nous apprendre de cette session de test utilisateur ?
- Comment ces informations nous aideront-elles à améliorer notre produit ?
- Y a-t-il des points douloureux ou des sujets de préoccupation spécifiques que nous souhaitons étudier ?

Prenez le temps de discuter et d'aligner ces objectifs avec les principales parties prenantes pour vous assurer que la portée des tests utilisateur est pertinente et utile.

5.1.2 Identifiez vos utilisateurs cibles

Un aspect important des tests utilisateurs consiste à s'assurer que vos participants aux tests sont représentatifs de votre public cible. Envisagez de créer des personas d'utilisateurs pour guider le recrutement de vos participants et augmenter les chances d'obtenir des informations significatives et pertinentes. Lorsque vous identifiez vos utilisateurs cibles, tenez compte de facteurs tels que :

* Démographie
* Compétence technique
* Connaissances ou expertise spécifiques à un domaine
* Besoins d'accessibilité

5.1.3 Sélectionnez votre méthode de test

Il existe différentes méthodes de test utilisateur, chacune avec ses propres avantages et inconvénients. Choisissez la méthode qui correspond le mieux à vos objectifs, votre budget et votre calendrier. Certaines méthodes de test utilisateur courantes incluent :

1. Test modéré : un chercheur est présent pendant le test pour guider les participants et approfondir leurs connaissances. Utile pour recueillir des commentaires qualitatifs et découvrir des problèmes dont les utilisateurs peuvent ne pas être conscients.

2. Test non modéré : les participants effectuent le test par eux-mêmes, souvent via une plate-forme distante. Idéal pour des tests plus rapides et plus abordables et pour se concentrer sur des tâches ou des fonctionnalités spécifiques.
3. Tests en laboratoire : tests effectués dans un environnement contrôlé, souvent équipés de caméras et d'autres outils d'observation. Permet une collecte de données précises, mais peut entraîner une validité écologique réduite.
4. Test à distance : les participants et les chercheurs ne se trouvent pas au même endroit physique. Convient pour travailler avec des participants divers ou géographiquement dispersés, mais peut limiter la profondeur des connaissances.

5.1.4 Créer un plan de test

Un plan de test bien structuré décrit les étapes, les tâches, les questions et les mesures associées à vos sessions de test utilisateur. Il doit couvrir les aspects suivants :

● Objectifs : Énoncez clairement les objectifs de la session de test.
● Participants : détaillez vos utilisateurs cibles et toute information démographique pertinente.
● Méthodologie : Décrire la méthode de test choisie et tout équipement ou logiciel nécessaire.
● Tâches : Énumérez les tâches que les participants seront invités à accomplir, ainsi que les instructions ou scénarios pertinents.
● Métriques : définissez comment vous mesurerez le succès, par exemple, le taux d'achèvement des

tâches, la satisfaction des utilisateurs ou le temps consacré à la tâche.

• Calendrier : spécifiez la durée de chaque session de test et prévoyez du temps pour les pauses et les problèmes potentiels.

5.1.5 Conduite de la session de test utilisateur

Une fois votre plan en place, il est temps de mener la session de test utilisateur. Assurez-vous de créer un environnement confortable et accueillant pour aider les participants à se sentir à l'aise. Voici quelques conseils pour une séance réussie :

1. Commencez par une brève introduction : expliquez le but du test, rassurez les participants sur le fait que vous testez le produit et non eux, et répondez à toute préoccupation qu'ils pourraient avoir.
2. Obtenir le consentement : assurez-vous que les participants comprennent et acceptent les termes et conditions du test, y compris les pratiques d'enregistrement ou de collecte de données.
3. Encouragez une communication ouverte : invitez les utilisateurs à réfléchir à haute voix, à partager leurs réflexions et à poser des questions lorsqu'ils interagissent avec le produit.
4. Soyez un auditeur actif : prenez des notes détaillées et écoutez attentivement les commentaires des participants, à la fois verbaux et non verbaux.
5. Évitez les questions orientées ou les préjugés : Soyez neutre lorsque vous posez des questions pour

éviter d'influencer les réponses ou les actions des participants.

6. Fournissez des instructions sur les tâches : selon la méthode de test, vous devrez peut-être offrir des conseils ou expliquer les tâches qu'ils effectueront.

7. Surveillez les progrès et adaptez-vous : gardez un œil sur les progrès des participants et ajustez votre plan si nécessaire, en tenant compte de tout problème ou aperçu inattendu.

8. Récapitulation et débriefing : Concluez le test en remerciant le participant pour son temps, en offrant des incitations et en demandant des réflexions finales ou des commentaires.

5.1.6 Analyse et rapport de vos résultats

Une fois vos sessions de test utilisateur terminées, il est temps d'analyser les résultats et de partager vos conclusions avec les principales parties prenantes. Se souvenir de:

1. Agrégez les données et identifiez les tendances : recherchez des modèles parmi les participants et les tâches, et notez les problèmes d'utilisation courants ou les domaines à améliorer.

2. Évaluez par rapport à vos objectifs : évaluez les performances de votre produit par rapport aux objectifs définis dans votre plan de test.

3. Créez des utilisateurs pour rendre la fragmentation des résultats plus significative.

4. Mettez en évidence les informations clés et les recommandations exploitables : fournissez une voie à

suivre claire pour résoudre les problèmes ou préoccupations non couverts.

5. Présentez vos conclusions dans un format clair et digeste : envisagez d'utiliser des tableaux, des graphiques ou des aides visuelles pour aider les parties prenantes à comprendre les résultats et leurs implications.

En résumé, les tests utilisateurs sont une étape essentielle du processus de conception UX, fournissant des informations précieuses pour améliorer la convivialité et l'expérience utilisateur de votre produit. En planifiant et en exécutant avec soin les sessions de test utilisateur, vous pouvez identifier les problèmes potentiels, valider les décisions de conception et vous assurer que votre produit répond aux besoins et aux attentes de son public cible.

5.2 Collecte et analyse des commentaires des utilisateurs

Les commentaires des utilisateurs jouent un rôle crucial dans la maîtrise de la conception UX ; cela nous aide à comprendre les besoins, les préoccupations et les préférences des utilisateurs pour apporter des améliorations significatives à un produit. La collecte et l'analyse des commentaires des utilisateurs est un processus continu qui aide les concepteurs à créer et à affiner efficacement les parcours et les expériences des utilisateurs.

Dans cette section, nous discuterons des différentes méthodes de collecte des commentaires des utilisateurs et des techniques d'analyse de ces commentaires pour améliorer votre conception UX.

5.2.1 Méthodes de collecte des commentaires des utilisateurs

Il existe de nombreuses façons de recueillir les commentaires des utilisateurs. Lors de la sélection d'une méthode, tenez compte de facteurs tels que le public cible, les spécificités de la rétroaction et le temps disponible. Voici quelques approches populaires pour recueillir les commentaires des utilisateurs :

1. **Sondages** : Les sondages sont une méthode simple, rapide et économique pour recueillir les commentaires des utilisateurs. Les enquêtes peuvent être présentées sous forme de pop-up sur un site Web ou une application, envoyées par e-mail aux clients et aux utilisateurs, ou partagées sur les réseaux sociaux. N'oubliez pas de garder les sondages clairs et concis pour encourager la participation.
2. **Formulaires de commentaires** : Ces questionnaires peuvent être intégrés à votre site ou application, permettant aux utilisateurs de laisser des commentaires sans interrompre leur expérience. Les formulaires de commentaires peuvent inclure des questions à choix multiples, des curseurs d'évaluation et des questions ouvertes.
3. **Test d'utilisabilité** : Cette méthode consiste à observer comment les utilisateurs interagissent avec

votre produit en temps réel. En permettant aux utilisateurs d'effectuer des tâches sur votre site ou votre application et de discuter de leur expérience, les concepteurs peuvent avoir un aperçu des points faibles potentiels, des zones de confusion et des attentes.

4. **Groupes de discussion** : Un groupe de discussion est une discussion entre un petit groupe d'utilisateurs dirigé par un modérateur, qui discute du produit, de sa conception et de l'expérience globale. Cette méthode aide à découvrir les préférences, les préoccupations et les aspirations des utilisateurs.

5. **Interviews d'utilisateurs** : Interviewer les utilisateurs individuellement permet de plonger plus profondément dans leurs expériences et leurs opinions. Ces conversations peuvent être plus ciblées et ciblées que les groupes de discussion et fournir une compréhension complète de votre base d'utilisateurs.

6. **Surveillance des médias sociaux** : les plateformes de médias sociaux offrent une multitude d'opinions et d'expériences d'utilisateurs. La surveillance des conversations, des critiques et des commentaires sur les réseaux sociaux de votre produit peut fournir des informations précieuses sur les attentes, la satisfaction et les domaines d'amélioration des utilisateurs.

7. **Analyse de site Web** : des outils d'analyse tels que Google Analytics peuvent aider les concepteurs à identifier les modèles, les tendances et les problèmes rencontrés par les utilisateurs sur leur site ou leur application. L'examen de mesures telles que les taux de rebond, les taux de conversion et les pages vues peut aider à mettre en évidence les domaines d'amélioration potentielle de l'expérience utilisateur.

5.2.2 Analyser les commentaires des utilisateurs

Une fois que vous avez recueilli les commentaires des utilisateurs, il est essentiel d'analyser et d'interpréter efficacement les données. Voici cinq étapes pour vous aider à analyser et tirer le meilleur parti de vos commentaires d'utilisateurs :

1. **Catégoriser les commentaires** : avant de plonger dans les données, commencez par trier les commentaires en catégories en fonction des préoccupations spécifiques des utilisateurs ou des éléments de conception. Ce processus vous aide à identifier les problèmes les plus courants et à hiérarchiser les améliorations.
2. **Identifiez les modèles et les tendances** : recherchez les fils conducteurs parmi les commentaires ; cela peut aider à mettre en évidence les problèmes récurrents dans votre conception, ainsi que les écarts entre les différents groupes d'utilisateurs. La compréhension des modèles peut vous guider vers les zones nécessitant une attention particulière et éclairer vos décisions de conception.
3. **Filtrer le bruit** : Lors de la collecte de commentaires, il est naturel de recueillir des commentaires non pertinents ou sans rapport qui ne contribuent pas aux améliorations de conception. Filtrez ces bruits pour vous concentrer sur des commentaires exploitables.
4. **Écoutez les commentaires positifs et négatifs** : bien que les commentaires négatifs puissent être déterminants pour identifier les problèmes, les commentaires positifs ne doivent pas être ignorés. Mettez en surbrillance et apprenez des parties de

votre conception que les utilisateurs adorent ; cela peut informer les futurs éléments de conception qui pourraient trouver un écho auprès des utilisateurs.

5. **Partagez vos commentaires avec votre équipe** : pour que les améliorations UX soient efficaces, elles doivent être basées sur une compréhension collective des commentaires des utilisateurs. Partagez les commentaires avec votre équipe afin que tout le monde soit sur la même longueur d'onde, en veillant à ce que chacun s'engage à apporter des améliorations significatives en fonction des commentaires des utilisateurs.

5.2.3 Agir sur les commentaires des utilisateurs

Après une analyse approfondie des commentaires, il est temps de passer à l'action. Vous trouverez ci-dessous quelques étapes pour guider vos mises à jour de conception en fonction des commentaires des utilisateurs :

1. **Prioriser les améliorations** : Tous les changements ne peuvent pas être mis en œuvre simultanément. Commencez par déterminer quelles mises à jour récolteront les avantages les plus significatifs et auront l'impact le plus significatif sur votre expérience utilisateur. Donnez la priorité aux problèmes critiques et aux préoccupations que les utilisateurs ont exprimés à plusieurs reprises.
2. **Planifier et programmer les mises à jour** : soyez réaliste quant au délai de mise en œuvre des améliorations. Déterminez les tâches spécifiques, fixez des délais et attribuez des responsabilités aux

membres de votre équipe pour effectuer les mises à jour.

3. **Testez les modifications** : avant de déployer les modifications, testez la conception mise à jour avec de vrais utilisateurs pour valider si les améliorations répondent réellement à leurs préoccupations et conduisent à une meilleure expérience utilisateur.

4. **Communiquez avec les utilisateurs** : informez vos utilisateurs des mises à jour en fonction de leurs commentaires. Démontrer que vous appréciez et agissez en fonction des commentaires des utilisateurs contribue à renforcer la confiance et la fidélité. Autoriser les utilisateurs à continuer à fournir des commentaires sur la conception mise à jour.

5. **Surveillez l'impact** : gardez un œil sur les métriques et les commentaires des utilisateurs après la mise en œuvre des mises à jour pour vous assurer que les modifications ont un impact positif sur l'expérience utilisateur. Une surveillance continue vous aide à affiner votre conception et à suivre l'évolution des besoins et des attentes des utilisateurs.

Recueillir et analyser les retours des utilisateurs est une étape essentielle dans la maîtrise de l'UX design. En employant diverses méthodes pour recueillir les commentaires, en analysant minutieusement les données et en prenant des décisions de conception éclairées en fonction des commentaires des utilisateurs, vous pouvez créer une conception centrée sur l'utilisateur qui s'aligne sur les tendances futures et améliore l'expérience utilisateur globale.

5.3 Prendre des décisions de conception basées sur les données

Dans le paysage numérique actuel en constante évolution, l'importance de prendre des décisions basées sur les données ne peut être sous-estimée. En tant que concepteurs, notre objectif est de créer des expériences utilisateur efficaces, attrayantes et adaptées aux besoins uniques de l'utilisateur. La conception basée sur les données combine la recherche des utilisateurs et l'analyse quantitative des données pour optimiser chaque décision de conception en fonction de preuves, plutôt que de s'appuyer sur l'intuition ou les préférences personnelles. Cette approche garantit que nous fournissons systématiquement les meilleures solutions de conception, en tenant compte du contexte, de l'état d'esprit et des objectifs des utilisateurs.

Dans cette section, nous explorerons certaines méthodologies et stratégies essentielles pour prendre des décisions basées sur les données qui améliorent l'expérience utilisateur et contribuent au succès d'un produit.

5.3.1 Comprendre la valeur des données

Avant de plonger dans les méthodologies et les stratégies, il est crucial de comprendre la valeur des données dans le processus de conception. Les données nous permettent de :

1. **Valider nos hypothèses** : les données nous aident à tester la validité de nos hypothèses de conception et garantissent que les décisions que nous prenons correspondent aux besoins et aux attentes des utilisateurs.
2. **Identifier les domaines d'amélioration** : L'analyse des données peut révéler où les utilisateurs rencontrent des problèmes et où nous pouvons apporter des optimisations.
3. **Mesurer le succès** : les données quantitatives permettent de mesurer l'efficacité des décisions de conception et de suivre les progrès au fil du temps.
4. **Personnaliser l'expérience** : les données peuvent être utilisées pour personnaliser l'expérience utilisateur en fonction des préférences, des besoins et des comportements individuels.

5.3.2 Définir des objectifs et des mesures clairs

Pour prendre des décisions de conception efficaces basées sur les données, il est essentiel de définir des objectifs et des métriques clairs. Les objectifs vous aideront à déterminer les résultats que vous souhaitez atteindre, tandis que les métriques vous aideront à mesurer le succès de vos modifications de conception.

Quelques exemples d'objectifs pourraient être d'augmenter la conversion des utilisateurs, de réduire le nombre de demandes d'assistance ou d'améliorer la satisfaction des utilisateurs. Une fois que vous avez vos objectifs en place, vous pouvez définir les mesures les plus appropriées pour mesurer vos progrès, telles que les taux de conversion, le volume des tickets d'assistance ou les scores nets du promoteur.

5.3.3 Mener des recherches sur les utilisateurs

La recherche d'utilisateurs est un élément essentiel de la conception basée sur les données. En comprenant vos utilisateurs en profondeur, vous aurez une meilleure base pour prendre des décisions de conception qui répondent à leurs besoins et préférences. Certaines méthodes de recherche d'utilisateurs pour recueillir des données comprennent :

1. **Enquêtes** : collectez des informations directement auprès des utilisateurs sur leurs préférences, leurs besoins et leurs comportements.
2. **Entretiens avec les utilisateurs** : Menez des entretiens individuels pour recueillir des données qualitatives sur les expériences et les opinions des utilisateurs.
3. **Groupes de discussion** : rassemblez les idées de petits groupes d'utilisateurs, leur permettant de partager leurs réflexions et leurs expériences de manière collaborative.
4. **Tests d'utilisabilité** : observez les utilisateurs lorsqu'ils interagissent avec votre produit et identifiez les zones de friction ou de confusion.

5.3.4 Utiliser l'analyse quantitative des données

Outre la recherche d'utilisateurs, la collecte et l'analyse de données quantitatives sont essentielles pour prendre des décisions de conception éclairées. Certaines sources courantes de données quantitatives dans la conception UX incluent :

1. **Analyse de sites Web ou d'applications** : des outils tels que Google Analytics, Adobe Analytics ou Mixpanel peuvent fournir des informations précieuses sur le comportement des utilisateurs, les données démographiques et les mesures d'engagement.
2. **Tests A/B** : la mise en œuvre de tests A/B vous permet de comparer plusieurs variantes de conception et de mesurer leurs effets sur les taux de conversion, la satisfaction des utilisateurs ou d'autres mesures.
3. **Heatmaps** : les informations des heatmaps peuvent vous aider à identifier les zones d'engagement élevé des utilisateurs, ainsi que les zones où les utilisateurs n'interagissent pas comme prévu.

5.3.5 Utiliser la puissance de l'IA et de l'apprentissage automatique

L'intelligence artificielle (IA) et l'apprentissage automatique (ML) sont des technologies en évolution rapide qui peuvent être exploitées dans la conception basée sur les données. L'IA et le ML peuvent être utilisés pour :

1. **Identifier les modèles de comportement des utilisateurs** : en analysant de grands ensembles de données, les algorithmes d'IA et de ML peuvent aider à découvrir des modèles de comportement des utilisateurs qui pourraient ne pas être évidents par une analyse manuelle.
2. **Prédire les préférences de l'utilisateur** : l'IA et le ML peuvent être utilisés pour prédire les préférences de l'utilisateur et adapter la conception en conséquence.
3. **Optimiser les éléments de conception** : les outils basés sur l'IA peuvent recommander des modifications de conception en fonction d'un grand nombre de facteurs, ce qui permet de prendre des décisions plus éclairées et d'améliorer l'expérience utilisateur.

5.3.6 Itérer et affiner votre conception en fonction des données

La conception basée sur les données est un processus continu. Analysez régulièrement vos données, effectuez des recherches sur les utilisateurs et mettez en œuvre des améliorations de conception en fonction de vos découvertes. À chaque itération, votre conception sera plus étroitement alignée sur les besoins, les préférences et les comportements de vos utilisateurs.

Alors que vous continuez à prendre des décisions basées sur les données, il est essentiel de maintenir un équilibre entre les aspects quantitatifs et qualitatifs de votre recherche. Bien que les chiffres puissent fournir des informations précieuses, n'oubliez pas que vos utilisateurs sont de vraies personnes avec des expériences et des émotions uniques. Efforcez-vous toujours de voir les données à travers une lentille humaine et assurez-vous que vos décisions de conception sont fondées sur l'empathie et la compréhension.

En adoptant une approche de conception UX basée sur les données, vous créerez des produits plus efficaces et centrés sur l'utilisateur qui optimisent les expériences utilisateur et améliorent la réussite globale de vos projets. Dans le monde en constante évolution de l'expérience utilisateur, la conception basée sur les données est un élément crucial pour garder une longueur d'avance et maîtriser l'art de la conception de l'expérience utilisateur.

5.4 Affiner et améliorer l'expérience utilisateur

En tant que concepteurs UX, notre objectif principal est d'améliorer continuellement l'expérience utilisateur. Cela nécessite une combinaison d'analyse des commentaires des utilisateurs, de mesure du succès et de l'efficacité des conceptions existantes et d'intégration des tendances et technologies émergentes dans les expériences que nous créons. Dans cette section, nous verrons comment affiner et améliorer l'expérience utilisateur après la mise en œuvre de vos conceptions initiales.

5.4.1 Collecte et analyse des commentaires des utilisateurs

Obtenir des informations sur le comportement et la satisfaction des utilisateurs est un élément essentiel de l'amélioration de l'expérience utilisateur. Les commentaires et les tests continus des utilisateurs vous permettent de reconnaître les domaines dans lesquels la conception peut être insuffisante ou pourrait être améliorée. Pour recueillir les commentaires des utilisateurs, envisagez d'utiliser les méthodes suivantes :

5.4.1.1 Test d'utilisabilité

Les tests d'utilisabilité sont un processus où les utilisateurs réels interagissent avec votre produit pour identifier les problèmes ou les lacunes de l'expérience utilisateur. Au cours des tests d'utilisabilité, les participants effectuent des tâches spécifiques pendant que vous les observez et prenez des notes sur leur comportement, les difficultés qu'ils rencontrent et leur satisfaction globale à l'égard de l'expérience. Les utilisateurs peuvent également être encouragés à penser à haute voix pendant qu'ils effectuent les tâches, ce qui donne un aperçu plus approfondi de leur processus de réflexion et de leur prise de décision.

5.4.1.2 Enquêtes et questionnaires

Les sondages et les questionnaires en ligne peuvent être un bon moyen de recueillir rapidement de grandes quantités de commentaires de vos utilisateurs. Adaptez vos questions pour obtenir des informations précieuses sur la façon dont les utilisateurs expérimentent votre produit et sur les améliorations qui pourraient être apportées.

5.4.1.3 Entrevues et groupes de discussion

Mener des entretiens personnels ou des groupes de discussion peut vous permettre d'approfondir les expériences des utilisateurs et de recueillir des commentaires plus nuancés. Contrairement aux enquêtes ou aux questionnaires, les entretiens permettent des conversations plus ouvertes et vous permettent d'explorer plus en détail des problèmes spécifiques.

5.4.2 Utilisation des données et des métriques pour améliorer la conception UX

Les données quantitatives peuvent fournir des informations importantes sur les performances de vos conceptions dans le monde réel. Pour mesurer l'efficacité de vos conceptions, tenez compte des métriques suivantes :

5.4.2.1 Taux de conversion

Mesurez le pourcentage d'utilisateurs qui effectuent une action spécifique ou atteignent un objectif particulier. Des techniques d'optimisation du taux de conversion (CRO) peuvent ensuite être utilisées pour améliorer ces taux en apportant des améliorations ciblées à l'expérience utilisateur.

5.4.2.2 Taux de réussite des tâches et temps passé sur la tâche

Analysez la fréquence à laquelle les utilisateurs effectuent des tâches avec succès, ainsi que le temps qu'ils mettent pour le faire. Ces informations peuvent aider à identifier les domaines dans lesquels la conception peut prêter à confusion ou être complexes, et guider vos efforts pour rationaliser et simplifier l'expérience utilisateur.

5.4.2.3 Taux de rebond

Le taux de rebond est le pourcentage d'utilisateurs qui quittent votre site ou votre application sans effectuer aucune action ni interagir avec le contenu. Des taux de rebond élevés peuvent indiquer que la première impression ou l'expérience utilisateur globale ne répond pas aux attentes de l'utilisateur.

5.4.2.4 Cartes thermiques et cartes de clics

Les représentations visuelles de l'endroit où les utilisateurs cliquent et interagissent avec vos conceptions peuvent révéler à la fois des aspects de conception réussis et des domaines à améliorer. Envisagez d'utiliser des outils qui génèrent des cartes thermiques et des cartes de clics pour identifier les comportements courants des utilisateurs et ajuster vos conceptions en conséquence.

5.4.3 Intégration des nouvelles tendances et technologies

Comme dans n'importe quel domaine, il est essentiel de se tenir au courant des dernières tendances et avancées technologiques en matière de conception UX pour offrir des expériences utilisateur de pointe. Voici quelques façons de rester à jour et d'intégrer les nouvelles tendances et technologies dans vos conceptions :

5.4.3.1 Suivez les leaders de l'industrie

Gardez un œil sur les leaders de l'industrie et les entreprises axées sur la conception pour rester informé des dernières idées, concepts et outils de conception UX. Ces entreprises établissent souvent la norme en matière de meilleures pratiques et sont une précieuse source d'inspiration.

5.4.3.2 Assister à des conférences et ateliers

Les événements de l'industrie, tels que les conférences et les ateliers, sont un excellent moyen d'apprendre de nouvelles techniques de conception, de réseauter avec d'autres professionnels et de vous exposer aux tendances et technologies émergentes en matière de conception d'expérience utilisateur.

5.4.3.3 Participer aux communautés en ligne

Rejoindre des communautés en ligne, telles que des forums, des salles de discussion et des groupes de médias sociaux, peut offrir des informations et des ressources précieuses sur les dernières tendances et technologies en matière de conception UX. S'engager avec d'autres designers peut approfondir votre compréhension des meilleures pratiques et vous inspirer pour vos propres conceptions.

5.4.3.4 S'engager dans l'apprentissage continu

Donner la priorité à la formation continue et au développement professionnel dans le domaine de la conception UX. Tenez-vous au courant des publications de l'industrie, assistez régulièrement à des ateliers ou à des cours et recherchez activement des occasions d'apprendre et de mettre en pratique de nouvelles compétences et techniques.

5.4.4 Itérer et améliorer

L'amélioration de l'expérience utilisateur est un processus continu d'itération et de raffinement. Utilisez les commentaires, les données et les informations recueillies pour éclairer les mises à jour et les améliorations de la conception. Revoyez constamment vos conceptions et demandez-vous si elles répondent vraiment ou non aux besoins de vos utilisateurs. Au fur et à mesure que vous itérerez et vous améliorerez en permanence, vous renforcerez vos compétences en conception, comprendrez mieux vos utilisateurs et créerez des expériences utilisateur plus réussies. N'oubliez pas qu'une expérience utilisateur exceptionnelle n'est jamais vraiment terminée. Elle évolue en permanence pour répondre aux attentes et aux besoins de vos utilisateurs.

5.5 Validation des solutions de conception avec les utilisateurs

Le processus de validation des solutions de conception avec les utilisateurs est une étape cruciale dans la création de tout produit, numérique ou autre. La validation de l'utilisateur garantit que le produit est non seulement fonctionnel, mais répond aux besoins et aux exigences du public cible sous la forme d'une expérience agréable et conviviale. Plus un concepteur UX passe de temps sur cette étape, plus il a de chances de développer des produits qui suscitent des expériences utilisateur exceptionnelles.

Ce chapitre plongera dans le processus de validation des solutions de conception avec les utilisateurs, en explorant différentes techniques et méthodologies qui peuvent être utilisées pour recueillir des commentaires exploitables afin d'améliorer le produit final.

5.5.1 L'importance de la validation de l'utilisateur

La validation des utilisateurs doit être considérée comme un aspect essentiel du processus de conception UX car :

- Il garantit que les solutions de conception résolvent efficacement les problèmes des utilisateurs.
- Il aide à identifier les problèmes d'utilisabilité qui auraient pu passer inaperçus pendant le processus de conception.
- Il révèle les exigences, les comportements ou les approches d'utilisation du produit imprévus des utilisateurs.
- Il offre une opportunité d'engager et d'impliquer les utilisateurs dans l'évolution du produit, en favorisant un sentiment d'appartenance et d'engagement envers le produit.
- Il permet une prise de décision basée sur les données, au lieu de se fier uniquement à l'intuition ou aux hypothèses.

5.5.2 Techniques de validation de la conception

Il existe plusieurs techniques disponibles pour valider les solutions de conception avec les utilisateurs, chacune offrant des avantages uniques et se concentrant sur différents aspects de l'expérience utilisateur. La meilleure approche est souvent déterminée par les objectifs spécifiques du projet et les ressources disponibles.

Tests d'utilisation

Les tests d'utilisabilité consistent à observer les utilisateurs pendant qu'ils interagissent avec un produit ou un prototype pour identifier les problèmes, les modèles et les idées. Ce processus est essentiel pour valider les solutions de conception, car il peut révéler des problèmes qui ne sont pas immédiatement évidents sans interaction directe de l'utilisateur.

Pour réussir un test d'utilisabilité :

1. Définissez des objectifs clairs pour le processus de test, comme déterminer si les utilisateurs peuvent effectuer une action spécifique ou comprendre un élément d'interface particulier.
2. Recrutez un échantillon approprié de participants au test représentant le public cible.
3. Développez un script de test pour guider la session de test, en vous concentrant sur les interactions clés et les domaines de préoccupation.
4. Effectuez les sessions de test, en personne ou à distance à l'aide d'outils de partage d'écran et de vidéoconférence.
5. Enregistrez et analysez les résultats, recherchez des modèles dans les comportements des utilisateurs et identifiez les problèmes de conception.
6. Mettez à jour et affinez la conception de manière itérative en fonction des informations recueillies au cours du processus de test.

Enquêtes et questionnaires

Les enquêtes et les questionnaires peuvent aider à valider les solutions de conception en recueillant des données quantitatives auprès d'un large échantillon d'utilisateurs. Ils peuvent être utilisés pour mesurer la satisfaction des utilisateurs, identifier les domaines de difficulté ou évaluer l'efficacité d'une solution de conception.

Les concepteurs doivent élaborer des questions d'enquête claires, concises et impartiales qui se concentrent sur les aspects pertinents de l'expérience utilisateur. Assurez-vous que les questions sont faciles à comprendre et à répondre, et évitez les questions suggestives qui pourraient fausser les résultats.

Groupes de discussion

Les groupes de discussion consistent à réunir un petit groupe d'utilisateurs pour discuter et fournir des commentaires sur une conception ou un prototype. Ces sessions sont généralement animées par un professionnel UX qui peut guider la conversation, s'assurer que tous les participants ont la possibilité de parler et poser des questions de suivi pour clarifier les commentaires.

La clé pour mener à bien des groupes de discussion est de rassembler un groupe diversifié de participants représentatifs du public cible et d'encourager une discussion ouverte et honnête. Soyez prêt à entendre des commentaires négatifs, mais profitez de cette occasion pour apprendre et améliorer la conception.

Évaluations heuristiques

Les évaluations heuristiques impliquent des professionnels experts en UX qui examinent la conception d'un produit ou d'un prototype pour identifier les problèmes d'utilisabilité potentiels sur la base de principes d'utilisabilité établis (heuristiques). Cette technique peut fournir des informations précieuses sur l'intuitivité, la cohérence, l'efficacité et d'autres facteurs qualitatifs de la conception globale.

Bien que les évaluations heuristiques n'impliquent pas de commentaires directs des utilisateurs, elles offrent une opportunité de découvrir des problèmes d'utilisabilité potentiels avant que des tests utilisateur plus approfondis ne soient effectués.

5.5.3 Synthétiser et appliquer les commentaires des utilisateurs

La validation des solutions de conception ne s'arrête pas à la collecte des commentaires des utilisateurs ; les concepteurs doivent synthétiser les données collectées et les appliquer pour affiner la conception en conséquence. Ce processus itératif permet de garantir que chaque itération de la conception est plus informée et centrée sur l'utilisateur.

Pour synthétiser et appliquer efficacement les commentaires des utilisateurs :

1. Examinez et analysez les données recueillies, en recherchant des idées, des modèles et des résultats exploitables.

2. Catégorisez et hiérarchisez les résultats en fonction de leur impact sur l'expérience utilisateur et les objectifs commerciaux.
3. Travailler avec l'équipe de conception pour trouver des solutions et des améliorations aux problèmes identifiés.
4. Mettez en œuvre les modifications et revalidez la conception avec les utilisateurs pour vous assurer que les améliorations ont répondu à leurs préoccupations.

5.5.4 Validation continue et tendances futures

Avec l'essor de l'analyse et des méthodes avancées de collecte de données, les concepteurs peuvent valider en continu leurs solutions de conception même après le lancement d'un produit. La surveillance du comportement des utilisateurs, la réalisation de tests d'utilisabilité périodiques et la collecte des commentaires des utilisateurs peuvent aider à affiner et à optimiser la conception au fil du temps.

De plus, se tenir au courant des tendances actuelles, des technologies émergentes et des comportements des utilisateurs peut aider à identifier les opportunités d'améliorations et d'innovations futures. Les concepteurs UX ne doivent jamais cesser d'apprendre et de repousser les limites de ce qui est possible pour créer des expériences utilisateur exceptionnelles qui résistent à l'épreuve du temps.

En conclusion, la validation des solutions de conception avec les utilisateurs est un aspect essentiel du processus de conception UX qui garantit l'utilisabilité et la pertinence du produit final. En employant diverses techniques de validation, en synthétisant les commentaires des utilisateurs et en affinant continuellement la conception, les concepteurs UX peuvent aider à créer des produits qui offrent des expériences utilisateur engageantes et satisfaisantes, maintenant et à l'avenir.

Chapitre 6 : L'essor des interfaces utilisateur vocales et de la conception conversationnelle

Le domaine de la conception de l'expérience utilisateur (UX) a étendu ses ailes sur plusieurs formats et appareils de conception, et les interfaces utilisateur vocales (VUI) et la conception conversationnelle sont les dernières tendances qui mettent en valeur le potentiel extraordinaire de la conception UX. Ce chapitre se plongera dans l'essor des interfaces utilisateur vocales et de la conception conversationnelle, en analysant leur impact sur les principes de conception et en prédisant leur avenir dans la conception numérique.

6.1 Comprendre les interfaces utilisateur vocales (VUI)

Les interfaces utilisateur vocales, également appelées VUI, permettent aux utilisateurs d'interagir avec des appareils ou des applications par le biais de leur voix, plutôt que par les modes d'interaction traditionnels tels que les clics de bouton, les balayages ou les gestes tactiles. À mesure que la technologie évolue, les VUI deviennent de plus en plus répandues, laissant leur marque sur diverses plates-formes, y compris les smartphones, les haut-parleurs intelligents et même les systèmes de navigation automobile.

S'inspirant des techniques de traitement du langage naturel (TAL) et d'intelligence artificielle, les VUI permettent aux concepteurs de créer des expériences utilisateur plus intuitives, efficaces et accessibles. Ils fournissent un ajout significatif à la gamme d'outils et de techniques parmi lesquels les concepteurs UX peuvent choisir lorsqu'ils répondent aux besoins des utilisateurs.

6.1.1 Principes clés de la conception de VUI

Concevoir des VUI est certainement un nouveau défi pour les concepteurs, principalement parce qu'il nécessite une adaptation à de nouveaux contextes, contraintes et exigences des utilisateurs. Voici quelques principes essentiels de la conception VUI que les praticiens UX devraient prendre en compte :

1. **Cohérence** : Une VUI bien conçue doit maintenir la cohérence entre différentes dimensions, y compris la langue, la tonalité et les fonctionnalités disponibles, pour offrir aux utilisateurs une expérience fluide, prévisible et attrayante.
2. **Flexibilité** : contrairement aux interfaces graphiques traditionnelles, les VUI doivent s'adapter aux variations des modèles de parole, des accents et des invites de l'utilisateur, ce qui augmente le besoin de flexibilité dans le système.
3. **Découvrabilité** : comme les VUI manquent d'indices ou de signifiants visuels, les concepteurs doivent s'appuyer sur des indices et des réponses verbaux pour faciliter la découverte et aider les utilisateurs à comprendre les fonctionnalités et les interactions disponibles.
4. **Contrôle de l'utilisateur** : les VUI doivent fournir aux utilisateurs un sentiment de contrôle et d'autonomie, leur permettant d'accéder facilement aux informations ou d'exécuter des tâches, et leur permettant de gérer leurs interactions au rythme souhaité.

6.2 Une introduction à la conception conversationnelle

Un sous-ensemble d'interfaces utilisateur vocales, la conception conversationnelle se concentre sur le flux naturel de communication entre les utilisateurs et les appareils ou les systèmes sous la forme de conversations. La conversation évoque un sentiment d'interaction homme-ordinateur plutôt qu'un scénario de commande à sens unique. Cela représente un changement significatif dans la philosophie de conception, les conversations assumant le rôle d'interface principale entre les utilisateurs et les systèmes.

La conception conversationnelle s'applique à divers contextes, notamment les chatbots, les haut-parleurs intelligents, les assistants vocaux et d'autres services à commande vocale. Il vise à rendre les interactions utilisateur-système plus naturelles, intuitives et engageantes en tirant parti des conversations de type humain.

6.2.1 Éléments de conception conversationnelle

La conception conversationnelle exige que les concepteurs UX prennent en compte les éléments critiques suivants lors de la création d'interfaces de dialogue :

1. **Structure de la boîte de dialogue** : les conversations doivent avoir des ouvertures claires, des options d'invite de l'utilisateur et des déclarations de clôture, fournissant aux utilisateurs des conseils sur la façon d'interagir avec le système.
2. **Compréhension du langage naturel** : les systèmes doivent être capables de comprendre et de répondre aux entrées en langage naturel, en s'adaptant aux variations des invites et des demandes des utilisateurs.
3. **Sensibilisation au contexte** : Les concepteurs doivent intégrer des informations contextuelles pour créer des réponses personnalisées et pertinentes pour les utilisateurs.

4. **Gestion des erreurs** : les interfaces conversationnelles doivent gérer avec élégance les erreurs et les malentendus des utilisateurs en offrant des conseils et un échafaudage appropriés pour aider les utilisateurs à atteindre leurs objectifs.

6.3 Impact des VUI et de la conception conversationnelle sur les principes UX

Alors que le monde connaît une augmentation des VUI et de la conception conversationnelle, les concepteurs UX doivent adapter et étendre leurs connaissances et leur approche existantes en matière de conception. Il existe quatre principales façons dont les VUI et la conception conversationnelle ont un impact sur les principes de conception UX :

1. **Changement de paradigme** : les concepteurs doivent passer d'une conception centrée sur le visuel à une conception centrée sur la conversation, en se concentrant sur la création d'options de dialogue et de réponses qui semblent naturelles et agréables pour les utilisateurs.
2. **Adaptation des flux d'utilisateurs** : avec les interactions et les conversations vocales, les concepteurs doivent réévaluer les flux d'utilisateurs et l'architecture des informations pour garantir des expériences utilisateur transparentes.
3. **Inclusivité et accessibilité** : les VUI et la conception conversationnelle peuvent rendre la technologie plus accessible aux personnes souffrant de handicaps physiques ou aux utilisateurs moins familiarisés avec les interfaces traditionnelles, ce qui

impose aux concepteurs une responsabilité supplémentaire pour créer des expériences plus inclusives.

4. **Concevoir pour le contexte** : les interactions vocales se produisent souvent dans divers contextes, tels que la conduite ou la cuisine, ce qui oblige les concepteurs à prendre en compte les contraintes et les implications environnementales pour créer des expériences contextuelles.

6.4 Explorer l'avenir des VUI et de la conception conversationnelle

À mesure que les écosystèmes numériques continuent d'évoluer, les VUI et la conception conversationnelle deviendront probablement plus répandues et sophistiquées. Les tendances et innovations suivantes pourraient façonner l'avenir de ces interfaces :

1. **Interaction multimodale** : la conception UX collaborative pourrait évoluer pour combiner la voix, le toucher et les gestes, permettant aux utilisateurs de se déplacer de manière transparente entre différents modes d'interaction.

2. **Intelligence émotionnelle** : à mesure que la technologie de l'IA progresse, les concepteurs pourraient intégrer l'intelligence émotionnelle dans les VUI et la conception conversationnelle, permettant des interactions plus empathiques et plus humaines.

3. **Amélioration de la compréhension du langage naturel** : les futures innovations en matière de PNL et d'IA pourraient donner lieu à des VUI qui comprennent mieux les entrées linguistiques

complexes, permettant des interactions plus transparentes et naturelles.

4. **Considérations éthiques** : à mesure que les VUI et la conception conversationnelle deviennent plus sophistiquées, les concepteurs doivent tenir compte des implications éthiques de ces interfaces, y compris les problèmes de confidentialité, de sécurité et de collecte de données.

L'essor des VUI et de la conception conversationnelle représente une ère passionnante et stimulante dans la conception UX. Au fur et à mesure que les concepteurs adaptent et étendent leurs compétences pour aborder ces nouveaux domaines de conception, ils peuvent créer des expériences numériques plus intuitives, attrayantes et accessibles aux utilisateurs dans une gamme de contextes et d'appareils.

6.1 Comprendre les interactions vocales et les VUI

Ces dernières années, les interactions vocales et les interfaces utilisateur vocales (VUI) ont gagné en popularité dans l'espace technologique. Alors que les produits grand public comme Amazon Alexa, Google Home, Apple Siri et Microsoft Cortana deviennent plus sophistiqués, de nombreux utilisateurs utilisent désormais plus fréquemment la voix pour les tâches quotidiennes.

Cette technologie émergente a ouvert un nouveau spectre d'opportunités aux concepteurs pour créer des expériences utilisateur intuitives et attrayantes. Afin de maîtriser l'art du design UX, il est essentiel de comprendre les principes des interactions vocales et des VUI.

Que sont les interactions vocales et les VUI ?

Les interactions vocales font référence à la communication entre un utilisateur et un système par le biais du langage parlé. Le système est programmé pour comprendre et répondre aux commandes ou demandes verbales, généralement sous la forme d'une interface utilisateur vocale (VUI).

Une VUI est un type d'interface qui permet aux utilisateurs d'interagir avec des appareils et des applications à l'aide de commandes vocales ou vocales. Contrairement aux interfaces utilisateur graphiques (GUI) traditionnelles qui reposent sur des éléments visuels tels que des boutons et des menus, les VUI reposent sur l'entrée et la sortie vocales pour l'échange d'informations.

Pourquoi les interactions vocales et les VUI sont-elles importantes ?

Les interactions vocales et les VUI présentent de nombreux avantages pour améliorer l'expérience utilisateur :

1. **Accessibilité :** les VUI offrent un moyen d'interaction plus accessible pour les utilisateurs ayant des déficiences visuelles ou motrices, ainsi que pour ceux qui pourraient être multitâches et incapables d'utiliser leurs mains ou leurs yeux.

2. **Commodité :** les interactions vocales facilitent une expérience mains libres et yeux libres, idéale lorsque les utilisateurs cuisinent, conduisent ou effectuent d'autres activités qui nécessitent leur attention.

3. **Rapide et efficace :** pour certaines tâches, comme demander des informations rapides ou contrôler des appareils domestiques intelligents, les interactions vocales peuvent souvent être plus rapides et plus efficaces que les interfaces traditionnelles.

4. **Interaction naturelle :** les interactions vocales peuvent sembler plus conversationnelles et humaines, ce qui amène les utilisateurs à considérer leurs appareils comme accessibles et faciles à utiliser.

Principes de conception pour les interactions vocales et les VUI

Maîtriser la conception des interactions vocales et des VUI implique de considérer plusieurs aspects propres au médium. Voici quelques principes fondamentaux à garder à l'esprit :

1. **Comprendre l'intention de l'utilisateur :** une partie essentielle de la conception des VUI consiste à interpréter avec précision l'intention de l'utilisateur. Pour ce faire, il est essentiel de prendre en compte les différentes manières dont les utilisateurs peuvent formuler leurs requêtes ou commandes, en d'autres termes, de créer un modèle de langage robuste.

2. **Conversations courtes et contextuelles :** contrairement aux interfaces visuelles, les utilisateurs n'ont pas de référence visible pour naviguer dans les VUI, ce qui rend important de fournir aux utilisateurs des réponses succinctes et d'assurer des

conversations efficaces. Le maintien du contexte est également primordial, car cela aide le VUI à mieux comprendre les intentions de l'utilisateur et à adapter les réponses en conséquence.

3. **Fourniture d'un retour d'information clair et gestion des erreurs** : étant donné que les VUI manquent de repères visuels, il est essentiel d'intégrer un retour auditif clair pour signaler les actions réussies ou communiquer les erreurs. Une gestion adéquate des erreurs est également nécessaire, en fournissant des suggestions alternatives ou en demandant à l'utilisateur de reformuler sa requête lorsque le système a du mal à comprendre.

4. **Concevoir pour la découvrabilité** : pour tenir compte des limites naturelles des interactions vocales, assurez-vous que les utilisateurs peuvent facilement découvrir et apprendre les fonctions disponibles. Cela peut impliquer d'intégrer stratégiquement des invites de fonctionnalités pendant les interactions, en mélangeant des informations utiles dans les conversations.

5. **Conversations de type humain** : les utilisateurs peuvent mieux comprendre les VUI avec des conversations naturelles et de type humain. Pour y parvenir, envisagez d'incorporer des attributs tels que le ton, le rythme et l'émotion dans la conception de la voix. Cela aide à créer une expérience plus engageante et plus pertinente.

Tendances futures des interactions vocales et des VUI

À mesure que la technologie évolue, l'utilisation des interactions vocales et des VUI continue de croître. Certaines tendances notables méritent d'être explorées :

1. **Reconnaissance des émotions et des sentiments :** à l'avenir, les VUI pourraient être en mesure d'analyser les états émotionnels des utilisateurs et d'utiliser ces informations pour adapter les réponses et les interactions.

2. **Interfaces multimodales :** la combinaison d'interactions vocales avec d'autres modalités d'entrée (par exemple, le toucher, les gestes) peut créer des expériences plus riches et plus polyvalentes.

3. **Systèmes contextuels :** à mesure que les appareils deviennent plus conscients des contextes des utilisateurs, de l'emplacement à d'autres données de capteur, les interactions vocales peuvent devenir encore plus personnalisées et pertinentes.

4. **Progrès de l'IA et de l'apprentissage automatique :** les améliorations du traitement et de la compréhension du langage naturel permettront des interactions vocales plus complexes et immersives.

En conclusion, comprendre les interactions vocales et les VUI est crucial pour naviguer dans le paysage de la conception UX. En maîtrisant les principes de conception spécifiques à ce média et en se tenant au courant des tendances émergentes, les concepteurs peuvent créer des expériences utilisateur plus intuitives et engageantes pour l'avenir.

6.2 Conception pour les assistants vocaux et les haut-parleurs intelligents

Le monde de la technologie est en constante évolution et s'adapte aux besoins et aux préférences de ses utilisateurs. L'une de ces avancées est l'essor des assistants vocaux et des haut-parleurs intelligents, qui modifient la façon dont nous interagissons avec la technologie. Ces appareils offrent une toute nouvelle forme d'interaction avec l'utilisateur et sont en passe de devenir la prochaine plate-forme majeure à maîtriser pour les concepteurs.

En tant que concepteurs UX, il est de notre responsabilité d'adopter ces nouveaux outils et d'adapter nos processus de conception pour créer des interactions transparentes et naturelles pour les utilisateurs. Cette section abordera les éléments fondamentaux de la conception des assistants vocaux, y compris leurs défis uniques, l'importance de créer des scénarios utilisateur détaillés et les différentes techniques qui peuvent être utilisées pour créer une expérience utilisateur agréable.

Comprendre les assistants vocaux et les haut-parleurs intelligents

Avant de plonger dans le processus de conception, il est crucial de reconnaître et de comprendre les caractéristiques et les différences entre les assistants vocaux et les haut-parleurs intelligents. Bien qu'ils soient étroitement liés, ils possèdent des caractéristiques et des capacités distinctes, qui influenceront sans aucun doute votre approche de conception.

Assistants vocaux

Les assistants vocaux sont des applications logicielles qui assistent les utilisateurs dans diverses tâches et accèdent aux informations via une saisie en langage naturel. Ils offrent un niveau d'interaction différent des interfaces utilisateur graphiques (GUI) traditionnelles, obligeant les utilisateurs à se fier à leur voix plutôt qu'à des visuels pour naviguer et effectuer des tâches.

Voici des exemples d'assistants vocaux :

- Amazon Alexa
- Assistant Google
- Pomme Siri
- MicrosoftCortana

Ces plates-formes sont disponibles sur une gamme d'appareils, tels que les smartphones, les tablettes et les ordinateurs, en plus des haut-parleurs intelligents.

Haut-parleurs intelligents

Les haut-parleurs intelligents sont des dispositifs matériels qui intègrent la technologie d'assistant vocal, permettant aux utilisateurs d'interagir avec leur assistant vocal intégré par le biais de commandes verbales. Outre leurs capacités de sortie audio, les haut-parleurs intelligents s'intègrent souvent aux appareils électroménagers intelligents et à d'autres appareils connectés à Internet.

Voici des exemples de haut-parleurs intelligents :

- Écho d'Amazon
- Accueil Google
- Apple HomePod
- Sonos Un

Il est important de noter que même si les haut-parleurs intelligents sont livrés avec un assistant vocal intégré, ils peuvent également prendre en charge d'autres plates-formes d'assistance tierces.

Défis uniques de la conception d'interface vocale

La conception d'interfaces utilisateur vocales (VUI) présente plusieurs défis distincts des interfaces utilisateur graphiques :

1. Manque de repères visuels

Dans une interface graphique typique, les utilisateurs peuvent s'appuyer sur des repères visuels tels que des boutons, des menus et des icônes pour naviguer sur un site Web ou une application. Avec les VUI, cette dépendance à l'échafaudage visuel est considérablement réduite, ce qui rend plus difficile le guidage des utilisateurs à travers une interface.

2. Traitement du langage naturel

Les VUI obligent les utilisateurs à utiliser une entrée en langage naturel, qui peut être très variable en termes de structure de phrase, de formulation et de syntaxe. Les concepteurs doivent tenir compte de ces nuances et anticiper un large éventail d'entrées utilisateur possibles.

3. Récupération d'erreur

Lorsque les utilisateurs rencontrent des erreurs ou sont frustrés par une interface graphique, des repères visuels peuvent souvent les aider à récupérer et à poursuivre leur tâche. Dans une VUI, le manque de retour visuel rend la récupération des erreurs plus difficile, car les utilisateurs doivent se fier entièrement à leur mémoire et aux conseils verbaux du système.

4. Accessibilité

Les concepteurs doivent s'assurer que leurs conceptions VUI sont accessibles à un large éventail d'utilisateurs, y compris ceux qui peuvent avoir des capacités auditives, vocales ou cognitives limitées. Cela comprend l'optimisation des capacités de traitement du langage du système et l'incorporation de techniques pour simplifier et clarifier l'interaction de l'utilisateur avec le système.

Premiers pas avec la conception d'interface vocale

Comme pour tout projet de design, il est essentiel de commencer par identifier votre public, comprendre ses besoins et définir vos objectifs. Commencez par poser les questions suivantes :

1. Qui sont vos utilisateurs, et quels sont leurs besoins et préférences ?
2. Quelles tâches et interactions votre VUI prendra-t-elle en charge ?
3. Comment votre VUI peut-elle améliorer l'expérience de l'utilisateur ou simplifier son flux de travail ?
4. Sur quels appareils et plates-formes votre VUI sera-t-elle disponible ?

Une fois que vous avez une solide compréhension de votre public cible et des résultats souhaités, vous pouvez passer à l'étape suivante du processus de conception : l'élaboration de scénarios utilisateur.

Concevoir des scénarios utilisateur

Les scénarios utilisateurs sont un outil précieux pour guider la conception et le développement de votre interface vocale. Ils aident à identifier les interactions clés, guident la structure de vos flux de conversation et simulent l'expérience de l'utilisateur lorsqu'il interagit avec votre VUI.

Lors du développement de scénarios utilisateur, tenez compte des points suivants :

1. Identifiez les objectifs de l'utilisateur : qu'est-ce que l'utilisateur souhaite accomplir avec votre VUI et comment cela s'inscrit-il dans ses objectifs généraux ?

2. Déterminez les actions de l'utilisateur : quelles étapes l'utilisateur doit-il suivre pour atteindre ses objectifs avec votre VUI ?

3. Spécifiez les réponses du système : comment votre VUI doit-elle répondre aux actions de l'utilisateur et le guider tout au long du processus ?

En plus de décrire ces éléments, il est essentiel de prendre en compte les éventuelles erreurs ou obstacles que les utilisateurs peuvent rencontrer et de concevoir des méthodes pour gérer la récupération des erreurs et fournir des instructions claires.

Techniques de conception d'une expérience utilisateur vocale agréable

Une expérience utilisateur vocale bien conçue est cruciale pour garantir l'adoption et la satisfaction des utilisateurs avec votre VUI. Voici quelques stratégies pour vous aider à créer une expérience utilisateur agréable :

1. Soyez conversationnel

Visez un ton naturel et conversationnel lors de la conception de votre VUI. Cela aide non seulement les utilisateurs à se sentir plus à l'aise, mais augmente également la probabilité que le système comprenne leur entrée.

2. Prioriser le contexte utilisateur

Comprendre le contexte dans lequel les utilisateurs interagiront avec votre VUI est crucial pour adapter l'expérience à leurs besoins. Lors de la conception des interactions, tenez compte de facteurs tels que l'emplacement de l'utilisateur, le type d'appareil et l'heure de la journée.

3. Optimiser pour la clarté

Assurez-vous que votre interface vocale est simple et concise pour minimiser la charge cognitive de vos utilisateurs. Limitez le nombre d'options présentées, fournissez des instructions claires et optimisez pour un contenu succinct et résonnant.

4. Concentrez-vous sur la récupération d'erreur

Les erreurs sont inévitables, alors assurez-vous de concevoir vos interactions vocales en gardant à l'esprit la gestion des erreurs et la récupération. Offrez des conseils clairs et concis pour aider les utilisateurs à naviguer avec succès dans les scénarios d'erreur.

5. Tester et itérer

Comme pour toute conception, des tests et des itérations continus sont essentiels pour créer une VUI réussie. Testez vos interactions vocales avec de vrais utilisateurs pour identifier les problèmes, recueillir des commentaires et affiner votre conception en conséquence.

En conclusion

La conception pour les assistants vocaux et les haut-parleurs intelligents ouvre un monde d'opportunités et de défis pour les concepteurs UX. En comprenant les caractéristiques et les limites uniques des VUI, en élaborant des scénarios utilisateur détaillés et en incorporant des techniques pour créer une expérience utilisateur agréable, les concepteurs peuvent façonner l'avenir des interactions vocales et aider les utilisateurs à naviguer dans ce nouveau monde avec facilité et confiance.

Continuez à apprendre, à expérimenter et à itérer, et vous maîtriserez l'art de concevoir des assistants vocaux et vous assurerez à vos utilisateurs une expérience agréable et transparente.

6.3 Principes de conception conversationnelle et meilleures pratiques

Les interfaces et expériences conversationnelles ont acquis une immense popularité ces derniers temps, car elles offrent aux utilisateurs un moyen plus naturel et plus engageant d'interagir avec les produits numériques. Dans ce chapitre, nous aborderons les principes et les meilleures pratiques du design conversationnel, vous permettant de créer des expériences conversationnelles captivantes et mémorables.

Qu'est-ce que le design conversationnel ?

La conception conversationnelle est le processus de conception d'interfaces utilisateur et d'expériences qui impliquent des interactions en langage naturel. Il se concentre sur la création de flux de conversation engageants et efficaces qui aident les utilisateurs à atteindre leurs objectifs facilement et efficacement. La conception conversationnelle est généralement appliquée aux chatbots, aux assistants vocaux et à d'autres applications conversationnelles.

Principes de conception conversationnelle

Afin de créer des expériences conversationnelles efficaces, il est essentiel de comprendre et d'appliquer les principes de conception suivants :

1. Soyez centré sur l'utilisateur

Les conceptions conversationnelles réussies priorisent et répondent aux besoins, préférences et attentes des utilisateurs. Placez toujours l'utilisateur au centre de votre processus de conception, en faisant preuve d'empathie envers ses problèmes et ses objectifs, et concevez des conversations pour les résoudre efficacement.

2. Clarté et brièveté

Les conversations dans l'espace numérique doivent être claires et concises. Les utilisateurs préfèrent généralement les interactions directes. Évitez le jargon inutile, les structures compliquées et les réponses longues.

3. Anticipez les besoins des utilisateurs

Une conception conversationnelle efficace anticipe les besoins des utilisateurs en fournissant des suggestions pertinentes, des menus structurés ou des options de réponse rapide. Cela permet de rationaliser la conversation et de guider les utilisateurs dans leurs tâches.

4. Fournir des commentaires

Les interfaces conversationnelles doivent fournir des commentaires aux utilisateurs, en reconnaissant leur contribution et en les informant des prochaines étapes. Cela favorise la confiance et l'engagement, permettant aux utilisateurs de se sentir en sécurité dans leurs interactions.

5. Gestion des erreurs

Les erreurs et les malentendus sont courants dans les conversations en langage naturel. Les stratégies efficaces de gestion des erreurs consistent à présenter aux utilisateurs des options alternatives, à reformuler les questions ou à les guider doucement sur la bonne voie.

6. Maintenir le contexte

Les conversations doivent se dérouler sans effort et s'appuyer sur les interactions précédentes. Le maintien du contexte ajoute de la cohérence à la conversation et aide les utilisateurs à se sentir compris par le système.

7. Soyez adaptatif

Les grandes conceptions conversationnelles s'adaptent aux divers comportements et préférences des utilisateurs. Par exemple, la prise en compte de différents dialectes, argots et nuances linguistiques peut améliorer considérablement l'expérience utilisateur.

8. Refléter la personnalité de la marque

Les expériences de conversation doivent être agréables et engageantes. Créer une voix, un ton et un style uniques pour votre interface qui s'alignent sur l'identité de votre marque peut favoriser les liens émotionnels, améliorer la confiance et augmenter la satisfaction des utilisateurs.

Meilleures pratiques pour la conception conversationnelle

Maintenant que vous êtes familiarisé avec les principes du design conversationnel, explorons les meilleures pratiques qui vous aideront à créer des expériences conversationnelles réussies :

1. Définir la portée et l'objectif

Avant de plonger dans le processus de conception, définissez clairement le but de votre interface conversationnelle, ses objectifs et les fonctionnalités qu'elle prendra en charge. Avoir une portée bien définie vous permet de concevoir des conversations plus ciblées et efficaces.

2. Recherchez votre public cible

Comprenez qui sont vos utilisateurs, leurs habitudes, leurs préférences et leurs points faibles. La collecte d'informations sur votre public vous aidera à personnaliser l'expérience conversationnelle pour répondre à ses besoins et à ses attentes.

3. Créer un flux conversationnel

Cartographier le flux conversationnel est une étape cruciale dans la conception d'expériences organisées et cohérentes. Créez des organigrammes, des arbres de décision ou des storyboards pour visualiser les chemins qu'un utilisateur peut emprunter et assurer des transitions fluides entre les états de conversation.

4. Écrivez des dialogues naturels et engageants

Créer le bon dialogue et la bonne copie est essentiel pour créer des conversations engageantes. Utilisez un langage naturel et un ton amical, reflétant la personnalité de votre marque, et gardez à l'esprit votre public cible lors de la rédaction de vos messages.

5. Utiliser l'entrée et la sortie multimodales

Lors de la conception d'une expérience conversationnelle, envisagez d'incorporer diverses méthodes d'entrée et de sortie, telles que du texte, de la voix, des repères visuels et des animations, pour créer une interface transparente et intuitive.

6. Tester, itérer et améliorer

Les tests font partie intégrante du processus de conception. Recueillez les commentaires des utilisateurs, identifiez les domaines d'amélioration et itérez vos conceptions jusqu'à ce que vous obteniez une expérience de conversation efficace et engageante.

7. Planifier l'évolutivité

Au fur et à mesure que votre produit évolue, votre interface conversationnelle doit en faire autant. Planifiez des mises à jour potentielles, des ajouts de fonctionnalités et des extensions de plate-forme pour vous assurer que votre conception reste pertinente, efficace et attrayante pour vos utilisateurs.

En adhérant à ces principes de conception conversationnelle et aux meilleures pratiques, vous pouvez créer des expériences conversationnelles réussies, engageantes et mémorables qui s'alignent sur les tendances futures de la conception UX. Continuez à expérimenter et à itérer pour perfectionner vos compétences et maîtriser l'art du design conversationnel.

6.4 Créer des dialogues naturels et intuitifs

La conception de dialogues naturels et intuitifs est un aspect crucial de la création d'une expérience utilisateur transparente et immersive, car elle garantit une communication claire entre l'utilisateur et le produit. Lors de la conception de l'interface utilisateur (UI) et de l'expérience utilisateur (UX) d'une application ou d'un produit numérique, la conversation et l'interaction jouent un rôle prépondérant, permettant aux utilisateurs de comprendre et de saisir rapidement les fonctionnalités de votre produit. Cette section se penche sur les méthodes et stratégies pratiques pour créer des dialogues naturels et intuitifs sur diverses plateformes numériques.

6.4.1 Comprendre vos utilisateurs

Pour créer des dialogues naturels et intuitifs, la première étape consiste à comprendre vos utilisateurs cibles, leurs préférences et leur façon de communiquer. Cela comprend la compréhension de leur :

- **Données démographiques :** l'âge, le sexe, les antécédents culturels et l'emplacement peuvent affecter le style de communication et les préférences des utilisateurs. S'adapter à la langue et au contexte de votre public cible contribuera à des dialogues plus naturels et intuitifs.
- **Maîtrise de la technologie :** la familiarité ou l'expertise des utilisateurs avec la technologie et les produits numériques influenceront leurs attentes, leur niveau de patience et leur volonté d'interagir avec les interfaces numériques. Concevoir des dialogues en fonction de leur maîtrise de la technologie conduira à des interactions plus intuitives.
- **Contexte d'utilisation :** La situation dans laquelle l'utilisateur va interagir avec votre produit impacte la complexité et le style des dialogues nécessaires. Déterminez s'ils utiliseront le produit au travail, à la maison ou en déplacement, et adaptez vos dialogues à ce contexte.

6.4.2 Soyez simple, clair et cohérent

L'un des moyens les plus efficaces de concevoir des dialogues intuitifs est de garder le langage et le flux aussi simples que possible. Ceci comprend:

- **Utiliser une terminologie familière :** Tenez-vous en à des expressions et des termes courants et faciles à comprendre, en évitant le jargon technique ou un langage complexe.
- **Être concis :** Gardez les messages et les instructions brefs, en mettant l'accent sur la clarté.
- **Maintien de la cohérence :** Utilisez un langage et une terminologie cohérents dans tout le produit pour éviter toute confusion ou mauvaise interprétation.

6.4.3 Prioriser l'interaction de type humain

Lors de la conception des dialogues, visez un ton amical et conversationnel qui encourage l'engagement des utilisateurs. Voici quelques conseils :

- **Utilisation d'une voix active :** écrivez d'une voix active, qui est généralement plus engageante et plus pertinente.
- **Personnalisation de l'interaction avec l'utilisateur :** utilisez des noms, des pronoms et d'autres éléments personnels pour créer une expérience plus humaine.
- **Ajouter de l'émotion, le cas échéant :** selon le contexte du produit et le groupe d'utilisateurs cible, l'incorporation d'émoticônes, de points d'exclamation ou d'autres expressions d'émotion peut créer un ton plus convivial et plus pertinent.

6.4.4 Fournir des commentaires en temps réel

Pour améliorer l'aspect intuitif des dialogues, fournissez des commentaires en temps réel aux utilisateurs lorsqu'ils naviguent et interagissent avec votre produit. Cela peut inclure :

- **Suggestions interactives :** proposer des options ou des suggestions basées sur les entrées de l'utilisateur permet de créer une expérience plus transparente.
- **Validation immédiate ou messages d'erreur :** si un utilisateur fait une erreur ou réussit une action, fournissez un retour immédiat pour éviter toute confusion ou frustration.

6.4.5 Conception pour l'accessibilité et l'inclusivité

La création d'une conception de dialogue inclusive et accessible garantit que votre produit est utilisable par un large éventail d'utilisateurs. Pour faire ça:

- **Utilisez des polices et des tailles de texte claires :** choisissez des polices lisibles et des tailles de texte minimales pour répondre aux besoins des utilisateurs malvoyants.
- **Considérez le contraste des couleurs :** faites attention aux combinaisons de couleurs de texte et d'arrière-plan, en vous assurant qu'il y a suffisamment de contraste pour la lisibilité.

- **Prise en charge des lecteurs d'écran et des technologies d'assistance :** concevez vos dialogues avec une compatibilité pour les technologies d'assistance, telles que le guidage vocal ou la compatibilité des lecteurs d'écran.

6.4.6 Tester et itérer

Enfin, testez et itérez en permanence vos conceptions de dialogue pour vous assurer qu'elles répondent aux besoins et aux attentes de vos utilisateurs. Analysez les données d'utilisation, recueillez les commentaires des utilisateurs et effectuez des tests d'utilisabilité pour identifier les problèmes et optimiser vos dialogues.

En conclusion, la création de dialogues naturels et intuitifs joue un rôle essentiel dans la création d'une UX optimale. En comprenant vos utilisateurs, en utilisant un langage clair et cohérent, en visant une interaction de type humain, en fournissant des commentaires en temps réel, en concevant pour l'accessibilité et l'inclusivité et en itérant continuellement, vous créerez des expériences numériques plus efficaces et engageantes pour vos utilisateurs.

6.5 L'avenir des expériences vocales d'abord

Alors que le monde de la conception UX continue d'évoluer et de se déplacer pour s'adapter aux technologies émergentes, une frontière qui gagne rapidement du terrain est celle des expériences vocales. Il s'agit d'interactions entre les utilisateurs et les appareils qui reposent principalement ou uniquement sur des commandes vocales, soutenues par des technologies de pointe d'intelligence artificielle (IA) et de traitement du langage naturel (NLP).

Cette révolution technologique a introduit des assistants virtuels à commande vocale comme Alexa d'Amazon, Google Assistant, Siri d'Apple et Cortana de Microsoft dans notre vie quotidienne, montrant l'incroyable potentiel au-delà des conceptions classiques basées sur écran, ouvrant la voie à un avenir piloté par la voix. Dans cette section, nous explorerons certaines des principales tendances qui façonnent l'avenir des expériences vocales et discuterons de la manière dont nous, en tant que concepteurs UX, pouvons garder à l'esprit la durabilité tout en nous préparant à ces changements émergents.

6.5.1 Un changement de paradigme dans la conception d'interaction

Un changement significatif dans la conception de l'interaction se produira probablement dans un avenir proche, où les expériences vocales deviendront la norme sur un large éventail d'applications et d'appareils. Le rôle des interfaces visuelles sera probablement réduit et l'accent sera mis sur la conception d'interactions vocales intuitives et efficaces. L'expansion rapide de l'Internet des objets (IoT) et de la connectivité des appareils intelligents donnera naissance à des écosystèmes pilotés par la voix qui s'intégreront de manière transparente dans la vie quotidienne des utilisateurs. Les concepteurs UX doivent s'adapter à cette tendance en maîtrisant des compétences de conception interdisciplinaires qui incluent la conception d'interaction, la conception industrielle et la conception inclusive.

6.5.2 Assistants vocaux intelligents émotionnels

À mesure que la technologie vocale progresse, nous pouvons nous attendre à ce que les assistants vocaux acquièrent une compréhension plus approfondie de l'utilisateur. En utilisant des algorithmes avancés et l'IA, les expériences vocales seront plus personnalisées et sensibles au contexte. En mettant l'accent sur l'état émotionnel de l'utilisateur, les assistants vocaux iront au-delà des simples réponses aux commandes et dialogueront avec les utilisateurs à un niveau plus intuitif et naturel. Cette intelligence émotionnelle sera essentielle pour fournir des expériences utilisateur authentiques et personnalisées qui évoquent la confiance et la loyauté.

6.5.3 Diversification des modalités

Bien que les commandes vocales puissent devenir le principal mode d'interaction, les concepteurs auront toujours besoin de créer des expériences qui peuvent passer en douceur entre les différentes modalités. Par exemple, il peut y avoir des situations où les utilisateurs souhaitent utiliser plusieurs méthodes de saisie en fonction du contexte, comme l'utilisation du toucher ou des gestes lorsqu'une conversation avec un assistant vocal est inappropriée. Cette diversification des modalités souligne l'importance de comprendre le contexte et de concevoir des interactions flexibles qui répondent aux besoins uniques de chaque utilisateur.

6.5.4 Confidentialité et sécurité améliorées

À mesure que les assistants vocaux s'intègrent de plus en plus dans nos routines quotidiennes et accèdent à un plus large éventail d'informations personnelles, la prise en compte des problèmes de confidentialité et de sécurité deviendra de plus en plus cruciale. Des méthodes d'authentification fiables doivent être en place pour protéger les données de l'utilisateur et garantir que les utilisateurs se sentent à l'aise avec les expériences vocales. Les technologies biométriques avancées, telles que l'identification par empreinte vocale, ainsi que le cryptage sécurisé des données, joueront un rôle essentiel dans le maintien de la confiance des utilisateurs et la résolution des problèmes de confidentialité.

6.5.5 Conception inclusive et accessible

Les expériences de voix d'abord ont montré des développements prometteurs dans la démocratisation de l'accès à la technologie pour les utilisateurs handicapés, tels que ceux qui ont des déficiences visuelles ou des limitations physiques. À mesure que la technologie vocale évolue, les concepteurs UX ont la responsabilité de s'assurer que tous les utilisateurs peuvent bénéficier de ces avancées. Concevoir des interactions vocales inclusives et accessibles impliquera de prendre en compte les besoins et les préférences uniques des utilisateurs aux capacités diverses, favorisant ainsi un paysage technologique plus équitable.

6.5.6 Considérations éthiques dans l'IA vocale

L'évolution rapide de l'IA dans la technologie vocale pourrait soulever des préoccupations éthiques concernant la transparence, le contrôle et l'utilisation des données. En tant que concepteurs UX, nous devons nous assurer que les expériences vocales sont conçues en tenant compte de ces considérations éthiques. Les utilisateurs doivent avoir le contrôle sur leurs données et la manière dont elles sont utilisées et traitées doit être transparente. S'assurer que les algorithmes d'IA sont exempts de préjugés, promouvant la diversité et l'inclusion, sera essentiel pour favoriser un avenir juste et éthique dans les expériences vocales.

En conclusion, l'avenir des expériences vocales est sans aucun doute transformateur et perturbateur. Pour se préparer à cette révolution imminente, les concepteurs UX doivent se tenir informés des technologies vocales émergentes, des tendances et des implications éthiques tout en faisant évoluer en permanence leur approche de la conception d'interactions intuitives, naturelles et robustes. En adoptant le changement de paradigme vers des expériences axées sur la voix et en donnant la priorité à des pratiques de conception inclusives et durables, les concepteurs UX peuvent aider à créer un avenir qui autonomise et enrichit la vie des utilisateurs à travers le monde.

Chapitre 7 : Expériences immersives : Explorer la réalité augmentée et la réalité virtuelle dans la conception UX

Introduction

Les expériences immersives sont devenues de plus en plus populaires ces dernières années alors que les concepteurs continuent de repousser les limites de ce qui est possible dans le monde de l'expérience utilisateur. Avec la croissance des technologies de réalité augmentée (AR) et de réalité virtuelle (VR), les possibilités de conception d'expériences immersives se sont rapidement étendues au-delà des interfaces bidimensionnelles pour inclure des environnements tridimensionnels qui entourent complètement les utilisateurs, leur permettant d'interagir avec le contenu numérique dans manières entièrement nouvelles. Dans ce chapitre, nous explorerons comment les concepteurs UX peuvent tirer parti de ces nouvelles opportunités passionnantes en explorant les aspects uniques de la RA et de la VR dans la conception UX.

Présentation des technologies AR et VR

Avant de nous plonger dans les principes de conception UX spécifiques à AR et VR, discutons d'abord des concepts de base de ces technologies et de ce qu'elles impliquent.

Réalité augmentée (RA)

La réalité augmentée combine des éléments du monde réel avec du contenu numérique, en superposant des modèles 3D, des animations ou d'autres actifs numériques sur la vue d'un utilisateur de son environnement physique, généralement via un écran de téléphone ou de tablette ou un appareil portable. L'objectif de la RA est d'améliorer la perception qu'a l'utilisateur de son environnement en ajoutant des informations ou des expériences contextuelles. Des exemples d'applications AR incluent des systèmes de navigation qui affichent des directions sur le champ de vision d'un utilisateur ou des plates-formes éducatives qui permettent aux étudiants d'explorer des modèles 3D de structures qu'ils étudient.

Réalité virtuelle (RV)

La réalité virtuelle, quant à elle, plonge les utilisateurs dans un environnement entièrement numérique, les éloignant de leur environnement physique. Les expériences VR sont généralement accessibles à l'aide d'écrans montés sur la tête (HMD) qui suivent les mouvements de la tête d'un utilisateur, ce qui se traduit par une expérience à 360 degrés plus interactive et engageante. Grâce à la réalité virtuelle, les utilisateurs peuvent explorer des mondes entièrement nouveaux, s'engager dans des simulations vives ou interagir avec du contenu numérique d'une manière qui imite ou améliore les expériences du monde réel. Les exemples d'applications VR vont des jeux vidéo et des simulations aux visualisations architecturales et aux traitements thérapeutiques.

Principes de conception pour les expériences immersives

Bien que les technologies AR et VR soient distinctes, elles partagent certains principes de conception communs que les concepteurs UX peuvent appliquer lors de la création d'expériences immersives. Tenez compte des consignes suivantes lors de la conception pour la réalité augmentée et la réalité virtuelle :

Conscience spatiale et contexte

Dans les expériences AR et VR, les utilisateurs sont censés interagir avec leur environnement de manière plus significative que les interfaces 2D traditionnelles, ce qui oblige les concepteurs à prendre en compte les aspects spatiaux de l'expérience. Cela implique de cartographier le contenu numérique à des emplacements du monde réel, de comprendre comment les utilisateurs perçoivent la profondeur et les dimensions, et de maintenir un sentiment de cohérence spatiale. De plus, il est essentiel de considérer le contexte dans lequel les utilisateurs interagiront avec l'expérience, comme l'environnement, les capacités et le contexte culturel de l'utilisateur.

Confort d'utilisation

Le confort est essentiel pour garantir une expérience attrayante et agréable aux utilisateurs, en particulier lorsqu'ils s'immergent dans un environnement numérique pendant de longues périodes. Atteindre le confort de l'utilisateur en réalité augmentée et en réalité virtuelle peut impliquer des facteurs tels que la réduction du mal des transports grâce à des mouvements stables, la création de méthodes d'interaction intuitives et ergonomiques et la garantie d'informations textuelles et visuelles lisibles. De plus, il est essentiel de prendre en compte le confort physique des utilisateurs dans le monde réel, comme éviter l'extension prolongée des bras dans les applications AR ou la conception pour une position assise ou debout prolongée en réalité virtuelle.

Design d'interaction

Développer des interactions intuitives et significatives est la pierre angulaire de la conception UX. Dans les expériences immersives, cela inclut la conception de gestes et de méthodes de saisie naturels pour les utilisateurs dans un espace 3D. Tirez parti des capacités des appareils AR et VR, tels que les contrôleurs de mouvement, le suivi du regard ou le suivi des mains, pour créer des interactions transparentes qui imitent les actions du monde réel. En outre, les concepteurs doivent tenir compte de la façon dont les utilisateurs navigueront dans le contenu numérique et exploreront l'environnement, en utilisant des modèles de conception établis le cas échéant et en s'assurant que le système fournit une rétroaction en réponse aux entrées des utilisateurs.

Accessibilité et inclusivité

Les expériences immersives doivent être conçues pour les utilisateurs de toutes capacités et de tous horizons. Les concepteurs doivent tenir compte des différents niveaux de littératie numérique et spatiale, ainsi que des déficiences physiques potentielles, en fournissant plusieurs méthodes d'interaction, des tailles de texte et des niveaux audio ajustables, et d'autres aménagements. De plus, la sensibilité culturelle et l'inclusivité doivent être prises en compte pour éviter d'aliéner les utilisateurs d'horizons différents.

Considérations de conception AR et VR

Bien que de nombreux principes de conception s'appliquent à la fois aux expériences AR et VR, chaque technologie présente des aspects uniques que les concepteurs doivent prendre en compte lors de la conception de leur UX :

Réalité augmentée

- Intégration dans le monde réel : tenez compte de l'environnement réel des utilisateurs lors de la conception d'expériences de réalité augmentée, en vous assurant que le contenu numérique est correctement placé et n'obstrue pas les informations importantes ou ne crée pas de risques pour la sécurité.
- Contraintes des appareils : tenez compte des contraintes des appareils AR, telles que les tailles d'affichage limitées, les performances variables et l'autonomie de la batterie, lors de la conception d'expériences auxquelles les utilisateurs peuvent accéder via une gamme d'appareils.
- Confidentialité : les utilisateurs peuvent avoir des problèmes de confidentialité concernant leur emplacement physique, leur apparence et leurs actions capturées par les appareils AR. Les concepteurs doivent répondre à ces préoccupations par la transparence, le contrôle et la sécurité.

Réalité virtuelle

- Immersion et présence : La capacité de se sentir complètement immergé dans un environnement virtuel est l'une des caractéristiques les plus convaincantes de la réalité virtuelle. Les concepteurs doivent donner la priorité à la création d'environnements très détaillés et réalistes et au maintien d'un sentiment de présence tout au long de l'expérience.

● Locomotion et navigation : les déplacements en réalité virtuelle peuvent être difficiles en raison des limitations de la technologie de suivi et de l'espace confiné disponible pour les utilisateurs. Les concepteurs doivent envisager des méthodes de locomotion alternatives confortables et intuitives, telles que la téléportation ou le balancement des bras.

● Interaction sociale : l'ajout d'expériences sociales peut grandement améliorer l'attrait des applications de réalité virtuelle, que ce soit par le biais de jeux multijoueurs ou de réunions virtuelles. Les concepteurs doivent tenir compte de la manière dont les utilisateurs communiqueront et collaboreront dans l'environnement numérique, en tenant compte à la fois de la communication verbale et non verbale.

Conclusion

En conclusion, les technologies immersives telles que la réalité augmentée et la réalité virtuelle offrent de nouvelles opportunités passionnantes aux concepteurs UX pour créer des expériences engageantes et mémorables. En comprenant les aspects uniques de ces plateformes et en tenant compte des principes de conception fondamentaux des expériences immersives, les concepteurs peuvent combler le fossé entre les mondes physique et numérique, repoussant les limites de la conception de l'expérience utilisateur dans de nouvelles dimensions.

7.1 Le potentiel de la réalité augmentée et de la réalité virtuelle

La réalité augmentée (AR) et la réalité virtuelle (VR) sont deux technologies en plein essor qui ont le potentiel de transformer le monde de la conception UX. Bien que les deux technologies soient souvent utilisées de manière interchangeable, elles représentent deux expériences fondamentalement différentes. AR superpose des objets numériques et des informations sur l'environnement physique de l'utilisateur, tandis que VR plonge totalement l'utilisateur dans un monde entièrement généré par ordinateur. Le mélange homogène de ces deux mondes a donné naissance à la réalité mixte (MR), qui élargit encore les possibilités pour les concepteurs UX.

Dans cette section, nous discuterons de l'immense potentiel de la RA et de la VR pour la conception UX, explorerons les défis à relever et examinerons les tendances futures entourant ces deux technologies passionnantes.

Applications AR et VR dans la conception UX

En matière de conception UX, AR et VR ouvrent des expériences utilisateur et des possibilités d'interaction entièrement nouvelles. Voici quelques exemples de la manière dont la RA et la VR pourraient être appliquées à la conception UX :

1. **Commerce de détail et commerce électronique** : la technologie AR peut permettre aux clients d'essayer virtuellement des vêtements, des accessoires ou même des meubles chez eux avant de faire un achat. En combinant la RA avec l'apprentissage automatique, les plateformes de commerce électronique peuvent offrir des expériences d'achat personnalisées, des recommandations de produits sur place et des informations de dimensionnement plus précises pour les utilisateurs.

2. **Éducation** : Dans le domaine de l'éducation, la réalité augmentée et la réalité virtuelle peuvent rendre l'apprentissage plus immersif, interactif et engageant. De l'exploration de sites historiques à la dissection de spécimens virtuels, ces technologies peuvent ajouter une nouvelle dimension à l'éducation en transformant des concepts abstraits en expériences tangibles.

3. **Santé** : les applications de RA dans le domaine de la santé peuvent aider les chirurgiens lors de procédures complexes grâce à la superposition d'informations cruciales sur le corps du patient, tandis que la réalité virtuelle s'est avérée efficace pour la thérapie d'exposition dans le traitement des phobies, de l'anxiété et du trouble de stress post-traumatique.

4. **Formation de la main-d'œuvre** : les technologies AR et VR peuvent révolutionner la formation professionnelle en simulant des situations réelles et en offrant une expérience pratique. Des domaines tels que l'aviation, la fabrication et l'architecture peuvent grandement bénéficier de simulations de formation immersives qui non seulement permettent de gagner du temps, mais réduisent également le risque d'erreurs.

5. **Divertissement et jeux** : L'industrie du jeu a facilement adopté les technologies AR et VR, créant

des expériences immersives et des récits interactifs qui redéfinissent le gameplay. Dans le secteur du divertissement, le public peut désormais devenir un participant actif à l'intérieur de ses histoires préférées, transformant la façon dont nous consommons et interagissons avec le contenu.

Défis de la conception AR et VR UX

Malgré leur vaste potentiel, la réalité augmentée et la réalité virtuelle présentent également plusieurs défis uniques pour les concepteurs UX :

1. Naviguer dans l'inconnu

En tant que technologies relativement récentes, la réalité augmentée et la réalité virtuelle manquent de modèles de conception standardisés et de meilleures pratiques. Les concepteurs doivent naviguer dans l'inconnu et trouver des solutions créatives aux problèmes des utilisateurs tout en équilibrant curiosité et introspection.

2. Intégration du monde physique et numérique

Contrairement à la conception UX traditionnelle basée sur l'écran, la réalité augmentée et la réalité virtuelle exigent que les concepteurs tiennent compte non seulement de l'environnement numérique, mais également de l'environnement physique de l'utilisateur. S'assurer que les informations numériques sont contextuellement pertinentes et discrètes est primordiale pour une expérience AR ou VR réussie.

3. Accessibilité et inclusivité

Les expériences AR et VR doivent être accessibles et inclusives pour les utilisateurs ayant diverses capacités et handicaps. Les concepteurs doivent tenir compte des défis et des exigences uniques de divers groupes démographiques d'utilisateurs, y compris ceux souffrant de déficiences cognitives, visuelles ou motrices.

4. Méthodes de saisie

Le manque de méthodes de saisie traditionnelles telles que les claviers et les souris dans les environnements AR et VR exige l'exploration de méthodes de saisie alternatives, telles que les gestes, les commandes vocales et le suivi des yeux. Les concepteurs doivent trouver un équilibre entre les interactions intuitives et éviter la fatigue ou la frustration de l'utilisateur.

5. Mal des transports et confort

Surtout dans les expériences VR, le mal des transports et le confort de l'utilisateur sont des préoccupations essentielles. Les concepteurs doivent être attentifs au mouvement, au rythme et au sens de la conscience spatiale de l'utilisateur pour éviter de causer de l'inconfort ou de la désorientation.

Tendances futures de la conception AR et VR UX

Les capacités des technologies AR et VR évoluent rapidement et les tendances de conception UX qui façonneront leur avenir ne font que commencer à émerger. Certaines des tendances clés qui façonnent l'avenir de la conception AR et VR UX incluent :

1. **IA et apprentissage automatique** : l'intégration de l'intelligence artificielle (IA) et de l'apprentissage automatique (ML) dans les expériences AR et VR permettra des interactions utilisateur plus personnalisées et contextualisées, améliorant ainsi l'expérience utilisateur globale.
2. **5G et connectivité** : avec les réseaux 5G et une connectivité accrue, les expériences AR et VR peuvent devenir plus fluides, réduire la latence et augmenter le potentiel d'interactions collaboratives en temps réel entre les utilisateurs et leurs environnements.
3. **Retour haptique** : les progrès de la technologie haptique permettront le développement d'expériences AR et VR plus immersives et tactiles, permettant aux utilisateurs de "toucher" et de "sentir" leur environnement numérique.
4. **Informatique spatiale** : augmentée par l'IA, l'informatique spatiale permet au contenu numérique de s'adapter intelligemment à l'évolution des environnements physiques en temps réel, offrant aux utilisateurs de nouvelles façons d'interagir avec les applications AR et VR.
5. **Appareils portables** : L'émergence d'appareils portables plus avancés et abordables, tels que les lunettes intelligentes AR et les casques VR de nouvelle génération, contribuera à l'adoption généralisée des expériences AR et VR.

En conclusion, AR et VR ont le potentiel de révolutionner la conception UX en offrant des expériences utilisateur et des possibilités d'interaction entièrement nouvelles. En explorant ces technologies, les concepteurs peuvent avoir un impact positif sur divers secteurs, de la santé et de l'éducation au divertissement et au commerce. Cependant, pour exploiter tout le potentiel de la réalité augmentée et de la réalité virtuelle, les concepteurs UX doivent relever de nouveaux défis, s'adapter aux tendances émergentes et repousser les limites de ce qui est possible dans la conception de l'expérience utilisateur.

7.2 Conception pour des environnements spatiaux et immersifs

Les environnements spatiaux et immersifs sont de plus en plus répandus en raison des progrès des technologies de réalité virtuelle (VR), de réalité augmentée (AR) et de réalité mixte (MR). Ces technologies ont le potentiel de révolutionner la façon dont nous interagissons avec les informations et les expériences numériques. En tant que concepteurs UX, il est crucial d'adapter notre processus de conception et d'embrasser les possibilités offertes par ces nouvelles technologies.

Dans cette section, nous explorerons les défis et opportunités uniques posés par les environnements spatiaux et immersifs, et proposerons des approches pratiques pour concevoir des expériences efficaces et engageantes.

7.2.1 Comprendre les environnements spatiaux et immersifs

Avant de plonger dans le processus de conception, il est crucial de comprendre les caractéristiques des environnements spatiaux et immersifs, et les différentes technologies qui leur permettent :

- **Réalité Virtuelle (VR)** : Une technologie entièrement immersive qui transporte l'utilisateur dans un environnement numérique. Les utilisateurs portent généralement un casque (tel que l'Oculus Rift ou le HTC Vive) qui masque complètement leur vision du monde réel et utilise le suivi de mouvement pour faire correspondre leur mouvement dans le monde réel à leur mouvement dans l'environnement numérique.
- **Réalité Augmentée (AR)** : Une technologie qui superpose des informations et des expériences numériques sur la vision de l'utilisateur du monde réel. Cela peut être réalisé à l'aide d'appareils mobiles (tels que des smartphones ou des tablettes) ou d'écrans montés sur la tête (tels que Microsoft HoloLens ou Magic Leap One) qui permettent à l'utilisateur de voir simultanément le monde réel et le contenu numérique.
- **Mixed Reality (MR)** : Une technologie hybride qui combine des éléments de VR et AR. Comme AR, l'utilisateur peut voir le monde réel, mais les expériences MR peuvent également incorporer des objets numériques qui semblent faire partie du monde réel et peuvent interagir avec lui.

7.2.2 Évaluation du potentiel et des limites des technologies spatiales et immersives

Pour concevoir des expériences réussies pour ces nouvelles technologies, il est important de comprendre leur potentiel et leurs limites. Les principaux facteurs à prendre en compte incluent :

- **Expérience utilisateur** : les technologies spatiales et immersives ont le potentiel de créer des expériences incroyablement engageantes et immersives. Cependant, ils introduisent également des défis liés au mal des transports, à la charge cognitive et à la conception de l'interface utilisateur qui doivent être gérés avec soin.
- **Accessibilité** : Les technologies spatiales et immersives peuvent aider à créer des expériences plus accessibles pour les utilisateurs handicapés en simulant des environnements et des interactions du monde réel. Cependant, garantir l'accessibilité de ces expériences peut nécessiter un examen attentif de facteurs tels que les exigences matérielles, la mobilité physique et les limitations sensorielles.
- **Compatibilité matérielle et plate-forme** : concevoir pour différents systèmes matériels et plates-formes peut être un défi, avec des différences dans les technologies de suivi, d'entrée et d'affichage. Cela peut nécessiter la prise en compte de plusieurs approches de conception lors de la création d'expériences pour divers appareils.

7.2.3 Concevoir pour des environnements spatiaux et immersifs : un processus

1. **Définissez vos objectifs** : Commencez par définir clairement vos objectifs pour l'expérience spatiale ou immersive. Que voulez-vous que l'utilisateur accomplisse ou ressente pendant l'expérience ?
2. **Recherchez et comprenez vos utilisateurs** : obtenez des informations sur vos utilisateurs cibles, y compris leurs attentes, leurs préférences et leurs limites, spécifiques aux environnements spatiaux et immersifs.
3. **Choisissez la bonne technologie** : Évaluez le potentiel et les limites des technologies VR, AR et MR pour déterminer celle qui correspond le mieux à vos objectifs et aux besoins des utilisateurs.
4. **Esquisse et prototype** : Développer des concepts initiaux pour l'expérience, en gardant à l'esprit les défis et opportunités uniques posés par la technologie choisie. Créez des croquis papier ou des prototypes numériques pour communiquer vos idées.
5. **Développer des interfaces utilisateur spatiales (SUI)** : concevoir des interfaces utilisateur spatiales intuitives adaptées à la technologie choisie et aux objectifs d'expérience globale.

7.2.4 Principes de conception d'expériences spatiales et immersives efficaces

Bien que le processus de conception puisse différer en raison de la nature unique des environnements spatiaux et immersifs, certains principes de conception généraux peuvent être appliqués pour garantir un résultat réussi.

- **Assurer le confort** : Les environnements spatiaux et immersifs peuvent parfois provoquer le mal des transports, la fatigue oculaire et une surcharge cognitive. Lors de la conception, accordez toujours la priorité au confort de l'utilisateur et soyez conscient de ces problèmes potentiels.
- **Tirez parti des analogies du monde réel** : tirer parti des connaissances et des comportements existants peut aider à créer des expériences plus intuitives. Envisagez de traduire les interactions familières du monde réel dans votre environnement spatial et immersif pour favoriser un sentiment de familiarité et de confort.
- **Créer un sentiment de présence** : Les technologies spatiales et immersives peuvent créer un puissant sentiment de présence. Les concepteurs doivent s'efforcer de créer des expériences qui permettent aux utilisateurs de se sentir vraiment immergés et présents dans l'environnement.
- **Conception adaptée au contexte** : examinez attentivement le contexte de l'environnement de l'utilisateur (par exemple, assis, debout, en mouvement) et concevez des interactions qui semblent naturelles et intuitives dans ce contexte.
- **Mettre l'accent sur l'agence utilisateur** : donner aux utilisateurs un sentiment de contrôle et d'influence sur leur environnement, leur permettant d'interagir avec le monde de manière naturelle et intuitive.

7.2.5 Logiciels et outils

Tirez parti des logiciels et des outils appropriés lors de la conception d'environnements spatiaux et immersifs. Voici quelques exemples :

- **Esquisse et prototypage** : des applications/éditeurs tels que Tilt Brush (VR), Sketchbox (VR) ou Figma (2D) permettent d'esquisser et de prototyper directement dans l'environnement spatial.
- **Modélisation 3D** : Des logiciels tels que Blender, Maya ou 3D Studio Max permettent aux concepteurs de créer des objets et des environnements en trois dimensions.
- **Plateformes de développement** : Les plateformes Unity, Unreal Engine ou WebXR fournissent les frameworks pour concevoir et déployer des expériences spatiales et immersives.

7.2.6 Conclusion

Concevoir pour des environnements spatiaux et immersifs est une opportunité passionnante pour les concepteurs UX. Alors que la technologie continue d'évoluer, le domaine du design doit s'adapter et adopter ces nouvelles possibilités. En comprenant les défis et les opportunités uniques que présentent ces environnements et en appliquant une approche de conception réfléchie et complète, nous pouvons créer des expériences convaincantes et engageantes qui repoussent les limites de la conception UX moderne.

7.3 Interaction de l'utilisateur et navigation dans AR et VR

La réalité augmentée (AR) et la réalité virtuelle (VR) sont des technologies émergentes qui ont commencé à façonner la façon dont nous concevons et interagissons avec le contenu numérique. La réalité augmentée permet de superposer des objets numériques à l'environnement réel, tandis que la réalité virtuelle offre une expérience totalement immersive dans un environnement généré par ordinateur. Les développeurs et les concepteurs travaillent constamment pour créer des méthodes meilleures et plus intuitives permettant aux utilisateurs d'interagir avec les applications AR et VR. La compréhension de ces interactions permet aux concepteurs de fournir une expérience utilisateur transparente et attrayante, garantissant la satisfaction des utilisateurs et le succès à long terme de ces applications. Dans cette section, nous approfondirons les mécanismes d'interaction et de navigation de l'utilisateur dans la réalité augmentée et la réalité virtuelle, en explorant diverses techniques et concepts pour aider à maîtriser l'art de la conception pour ces technologies émergentes.

7.3.1 Interactions et navigation AR vs VR

Avant de plonger dans les techniques d'interaction et de navigation spécifiques, il est essentiel de comprendre certaines différences fondamentales entre l'interaction avec les environnements AR et VR.

Les interactions AR impliquent généralement la manipulation de contenu virtuel inséré dans l'environnement réel d'un utilisateur. Les utilisateurs interagissent avec ces objets numériques de la même manière qu'ils le feraient avec des objets physiques. Par conséquent, les interfaces AR sont souvent construites à l'aide de métaphores familières du monde réel et nécessitent un minimum d'instructions pour que les utilisateurs les comprennent et interagissent avec elles de manière intuitive.

En revanche, les expériences de réalité virtuelle transportent les utilisateurs dans un tout nouvel environnement généré par ordinateur. Ils peuvent avoir des éléments familiers, mais les utilisateurs ont souvent besoin d'apprendre de nouvelles façons d'interagir avec ce monde virtuel. Par conséquent, les interfaces VR nécessitent de concevoir des mécanismes d'interaction qui peuvent s'adapter à un large éventail de capacités et de niveaux de confort des utilisateurs, garantissant que les utilisateurs peuvent rapidement apprendre et maîtriser ces nouvelles interactions.

7.3.2 Techniques d'interaction avec l'utilisateur

Interactions basées sur le regard

L'interaction basée sur le regard est une méthode conviviale commune aux applications AR et VR pour sélectionner ou interagir avec du contenu virtuel. Les utilisateurs dirigent leur regard vers un objet dans l'environnement, et l'application enregistre l'interaction lorsque la ligne de visée de l'utilisateur croise l'objet. L'interaction basée sur le regard peut être plus intuitive pour les débutants, mais elle peut ne pas sembler aussi précise qu'un périphérique d'entrée physique.

Gestes de la main

Les gestes de la main sont un moyen naturel d'interagir avec des objets virtuels en réalité augmentée et en réalité virtuelle. Les concepteurs peuvent utiliser la technologie de reconnaissance gestuelle pour identifier les mouvements spécifiques de la main et des doigts que les utilisateurs peuvent effectuer pour contrôler l'environnement virtuel. Par exemple, un utilisateur peut ouvrir un menu en faisant glisser sa main ou sélectionner un objet en serrant ses doigts. Lors de la conception des gestes de la main pour une application, il est essentiel de garder à l'esprit le confort et l'accessibilité de l'utilisateur, en veillant à ce que les gestes soient intuitifs, faciles à apprendre et à exécuter.

Contrôleurs de mouvement

Les contrôleurs de mouvement peuvent fournir des modes d'interaction supplémentaires dans les environnements AR et VR. Ces appareils sont équipés de capteurs qui suivent les mouvements physiques et l'orientation, permettant aux utilisateurs d'interagir avec le contenu virtuel de manière plus tangible. Les concepteurs peuvent utiliser cette technologie pour créer des interactions qui simulent des actions naturelles ou même développer de nouvelles interactions innovantes. Des exemples d'interactions avec le contrôleur de mouvement incluent cliquer sur des boutons, saisir, lancer ou balayer du contenu.

Commandes vocales

Les commandes vocales permettent aux utilisateurs d'interagir avec les applications AR et VR via une entrée audio. Ce type d'interaction peut être particulièrement utile lorsque les mains de l'utilisateur sont occupées ou lorsque l'application nécessite un niveau de multitâche plus avancé. Les commandes vocales peuvent être utilisées pour des tâches simples telles que l'ouverture de menus ou la navigation entre les écrans ou des tâches plus complexes comme la recherche dans une base de données ou le contrôle d'objets virtuels.

7.3.3 Techniques de navigation

La navigation dans les environnements numériques en réalité augmentée et en réalité virtuelle est cruciale pour une expérience utilisateur fluide. Plusieurs techniques ont été développées pour permettre aux utilisateurs de naviguer intuitivement dans ces environnements.

Monde en miniature

La technique du monde en miniature consiste à créer un modèle réduit ou une version miniature de l'ensemble de l'environnement virtuel. L'utilisateur peut manipuler le mini-monde pour naviguer dans l'environnement, par exemple en saisissant, en faisant pivoter, en mettant à l'échelle ou en déplaçant le modèle. Ce terme est souvent associé aux environnements VR, mais il peut également s'appliquer aux expériences AR.

Téléportation

La téléportation est une technique de navigation VR courante qui permet aux utilisateurs de se déplacer instantanément d'un endroit à un autre en pointant une destination et en activant une commande de téléportation. Cette technique peut aider les utilisateurs à éviter le mal des transports associé à un mouvement continu et est souvent préférée par les débutants.

Marcher et courir sur place

Pour simuler le mouvement naturel dans les environnements AR et VR, les concepteurs peuvent intégrer la marche et la course sur place comme technique de navigation. En suivant les pas physiques de l'utilisateur et en les traduisant en mouvement virtuel, cette technique peut créer une expérience plus immersive.

Marche redirigée

La marche redirigée est une technique avancée utilisée en réalité virtuelle, qui exploite des manipulations subtiles de l'environnement virtuel pour maintenir les utilisateurs dans un espace physique prédéterminé tout en leur donnant l'illusion d'un mouvement illimité. Cette technique nécessite des environnements intelligemment conçus et une solide compréhension de la perception humaine pour éviter de désorienter les utilisateurs.

7.3.4 Conception pour l'accessibilité et la convivialité

La création d'expériences AR et VR accessibles et utilisables est essentielle à leur succès. Les concepteurs doivent tenir compte des divers besoins et préférences des utilisateurs, en proposant plusieurs modes d'interaction ou options de navigation pour maximiser le confort et la satisfaction de l'utilisateur. De plus, les concepteurs doivent intégrer une intégration claire et concise pour enseigner aux utilisateurs de nouveaux mécanismes d'interaction ou techniques de navigation, en fournissant des commentaires et des conseils immédiats tout au long du processus d'apprentissage.

En conclusion, la conception d'interactions utilisateur engageantes et intuitives et de mécanismes de navigation dans la réalité augmentée et la réalité virtuelle est cruciale pour la croissance et le succès de ces technologies émergentes. En gardant à l'esprit les principes abordés dans cette section et en restant informés des derniers développements et tendances dans le domaine, les concepteurs peuvent maîtriser l'art de créer des expériences AR et VR remarquables qui laissent un impact durable sur les utilisateurs.

7.4 Surmonter les défis UX dans la conception AR et VR

À mesure que les technologies AR et VR évoluent, les concepteurs sont confrontés à de nouveaux défis qui vont au-delà de la création d'expériences pour les écrans et les appareils. Engager les utilisateurs dans des environnements numériques immersifs et interactifs nécessite de s'attaquer aux problèmes liés à l'espace physique, à la contribution des utilisateurs et à la conception expérientielle. Dans cette section, nous discuterons des principaux défis de la conception AR et VR et fournirons des conseils pratiques pour les surmonter.

Défi 1 : Concevoir pour différents appareils et plates-formes

Il n'existe pas de solution unique en matière de conception pour la réalité augmentée et la réalité virtuelle. Les appareils utilisés pour accéder à ces expériences vont des casques sophistiqués aux smartphones, et chacun a ses propres limites et capacités.

Surmonter les défis des appareils

- **Recherchez** les appareils et les plates-formes pour lesquels vous concevez. Comprenez leurs capacités, leurs limites et la façon dont les utilisateurs interagissent avec eux.

• **Collaborez** avec des développeurs qui connaissent les appareils et les plates-formes dès le début du processus de conception. Cela vous aidera à vous assurer que vos idées sont techniquement réalisables et peuvent être exécutées sans heurts.

• **Testez** vos conceptions sur les appareils réels pour découvrir de première main la façon dont les utilisateurs interagiront avec eux et apporter les ajustements de conception nécessaires.

Défi 2 : Intégrer l'espace physique dans la conception

Contrairement aux interfaces 2D, les expériences AR et VR se déroulent dans un espace tridimensionnel. Les utilisateurs peuvent se promener, interagir avec l'environnement et manipuler des objets dans ces mondes numériques. Les designers doivent désormais tenir compte de l'espace physique dans leur travail.

Surmonter les défis spatiaux

• Tenez compte **du contexte** lors de la conception d'expériences de réalité augmentée. Comment votre conception s'adaptera-t-elle à divers environnements - intérieurs, extérieurs, petits ou grands espaces ? Assurez-vous de fournir une quantité appropriée de conseils et d'indices aux utilisateurs en fonction du contexte.

• Créez **des conceptions flexibles** qui prennent en charge diverses distances d'interaction et offrent des alternatives aux utilisateurs à mobilité physique limitée.

- Utilisez **les conventions du monde réel**, le cas échéant. Concevez des objets et des interactions qui correspondent à la façon dont les utilisateurs s'attendent à ce que les choses fonctionnent dans la vie réelle.

Défi 3 : Navigation et orientation

Dans AR et VR, naviguer dans l'espace peut ne pas être aussi intuitif que faire défiler ou glisser sur un smartphone. Les concepteurs doivent aider les utilisateurs à comprendre leur environnement virtuel et comment l'explorer.

Surmonter les défis de navigation

- Mettez en place **une signalisation claire** grâce à l'utilisation de repères visuels comme des flèches ou des waypoints. Cela aide les utilisateurs à savoir où aller ou quoi faire ensuite.
- Utilisez **un langage visuel cohérent** pour aider les utilisateurs à reconnaître et à prévoir les interactions disponibles.
- Expérimentez avec des techniques **de divulgation progressive** pour révéler plus d'informations ou d'options au fur et à mesure que l'utilisateur progresse dans l'expérience.

Défi 4 : Assurer le confort et réduire le mal des transports

Des expériences VR mal conçues peuvent causer de l'inconfort et le mal des transports chez les utilisateurs. Les concepteurs doivent donner la priorité au confort de l'utilisateur tout en offrant des expériences attrayantes.

Surmonter les défis du confort

• Soyez conscient de **la vitesse de déplacement et de l'accélération** en VR. Des mouvements rapides et brusques peuvent causer de l'inconfort. Les accélérations et décélérations progressives sont généralement plus confortables.

• Incorporer un **cadre de référence statique** , comme un cockpit ou une autre structure, pour fournir aux utilisateurs un ancrage stable dans l'environnement. Cela peut aider à réduire le mal des transports.

• Offrez **différentes options de locomotion** pour les utilisateurs avec différents niveaux de confort ou d'expérience VR. Cela peut inclure la téléportation, la marche sur place ou d'autres méthodes de navigation.

Défi 5 : Concevoir des interfaces utilisateur intuitives

Les interfaces AR et VR s'appuient souvent sur de nouvelles méthodes d'interaction, comme le contrôle gestuel ou la commande vocale. Les concepteurs doivent s'assurer que ces interfaces sont faciles à apprendre et à utiliser efficacement pour les utilisateurs.

Surmonter les défis d'interface

- Donnez la priorité **à la découvrabilité** en rendant les points d'interaction et les fonctionnalités de l'environnement clairs et visibles.
- Utilisez **des affordances** qui communiquent les interactions possibles aux utilisateurs. Par exemple, les objets qui peuvent être saisis peuvent avoir des poignées ou être conçus de manière à inviter les utilisateurs à interagir.
- Offrez **des commentaires clairs** pour aider les utilisateurs à comprendre les résultats de leurs actions. Des signaux visuels, auditifs ou haptiques peuvent être utilisés pour signaler le succès, les erreurs ou fournir des conseils.

En conclusion, la conception AR et VR présente un large éventail de défis, mais offre également des opportunités uniques pour créer des expériences hautement engageantes et immersives. En gardant ces conseils à l'esprit et en restant concentrés sur l'utilisateur, les concepteurs peuvent surmonter ces défis et créer des expériences AR et VR à la fois captivantes et utilisables.

7.5 La voie à suivre pour les technologies immersives

Alors que nous continuons à explorer le domaine de la maîtrise de la conception UX, il est essentiel d'être conscient de l'avenir des technologies immersives.

Dans cette section, nous allons approfondir ce qui attend ces outils captivants et comment ils continueront à façonner les expériences des utilisateurs à l'avenir.

Les technologies immersives telles que la réalité virtuelle (VR), la réalité augmentée (AR) et la réalité mixte (MR) ont parcouru un long chemin et ne se limitent plus aux domaines du jeu et du divertissement. Ils ont trouvé une application dans diverses industries, telles que la santé, l'éducation, le tourisme, l'automobile, la vente au détail et bien d'autres.

Dans cette section, nous aborderons :

- L'état actuel des technologies immersives
- Le potentiel de ces technologies dans un futur proche
- Défis et opportunités
- Applications et avancées à venir
- Comment les concepteurs UX peuvent se préparer et contribuer à l'avenir des technologies immersives

L'état actuel des technologies immersives

Les technologies immersives ont gagné en popularité ces dernières années. Le marché de la réalité virtuelle et de la réalité augmentée, tel que rapporté par l'International Data Corporation (IDC), devrait croître à un taux de croissance annuel composé stupéfiant de plus de 76 % entre 2019 et 2024. Cette croissance est tirée par les améliorations du matériel et des logiciels, comme ainsi qu'une adoption accrue dans tous les secteurs.

Parmi les développements clés qui ont contribué à l'essor des technologies immersives, citons :

- Matériel amélioré : les géants de la technologie comme Oculus, HTC et Sony ont investi massivement dans les casques VR, ce qui a entraîné des avancées significatives en termes de performances et de prix.
- Popularité du divertissement basé sur la localisation : les salles de jeux vidéo et les parcs à thème sont devenus de plus en plus populaires, offrant des expériences uniques et immersives qui vont au-delà de ce qui peut être réalisé à la maison.
- Progrès dans la RA : Le lancement de plates-formes de RA comme ARKit d'Apple et ARCore de Google a rendu plus facile que jamais pour les développeurs de créer des applications de RA pour smartphones, tablettes et appareils portables.

Potentiel futur des technologies immersives

Bien qu'il y ait déjà eu des progrès significatifs dans le développement et l'adoption de technologies immersives, il existe encore beaucoup plus de potentiel de croissance et d'innovation. Voici quelques domaines prometteurs à espérer :

- **Des expériences de plus en plus réalistes** : les avancées futures des casques VR se concentreront probablement sur l'amélioration de la qualité visuelle globale des expériences qu'ils offrent, avec des technologies d'affichage de nouvelle ère telles que le microLED et le rendu fovéal. De plus, l'intégration de technologies telles que le retour haptique, la biométrie et la reconnaissance vocale contribuera à créer des expériences plus réalistes et interactives pour les utilisateurs, améliorant ainsi l'immersion.

- **5G et edge computing** : L'adoption généralisée de la 5G et de l'edge computing contribuera à libérer tout le potentiel des technologies immersives. Des vitesses de transfert de données plus rapides et une latence réduite permettront des expériences plus complexes et engageantes, sans avoir besoin de matériel coûteux. Ces technologies permettront également aux utilisateurs d'accéder et de créer du contenu immersif en temps réel sans dépendre de connexions Internet constantes.
- **WebXR** : L'initiative WebXR vise à apporter des expériences de réalité augmentée et virtuelle sur le Web, permettant aux utilisateurs d'accéder à du contenu immersif directement via leurs navigateurs. Au fur et à mesure que WebXR gagne du terrain, il permettra une intégration transparente de la réalité augmentée et de la réalité virtuelle dans les sites Web et les applications, augmentant considérablement la portée des technologies immersives.

Défis et opportunités

Malgré les progrès réalisés et le potentiel de croissance des technologies immersives, de nombreux défis restent à relever :

1. **Accessibilité et facilité d'utilisation** : Les technologies immersives, en particulier la réalité virtuelle, ne sont pas encore aussi accessibles qu'elles devraient l'être pour une adoption

généralisée. Le coût élevé, le besoin de matériel dédié et les processus de configuration compliqués peuvent dissuader les utilisateurs potentiels. Les concepteurs UX doivent s'efforcer de rendre ces expériences plus accessibles pour l'utilisateur moyen, tandis que les développeurs et les entreprises doivent s'efforcer de rendre le matériel plus abordable et convivial.

2. **Création de contenu** : Il y a toujours une pénurie de contenu convaincant qui peut conduire à l'adoption soutenue des technologies immersives. Les gouvernements, les organisations et les développeurs doivent travailler ensemble pour favoriser l'innovation dans la création de contenu immersif dans diverses industries.

3. **Considérations éthiques** : à mesure que la technologie immersive devient de plus en plus répandue, des problèmes tels que la confidentialité, la surveillance et la dépendance doivent être résolus. Les concepteurs, les développeurs et les décideurs doivent collaborer pour s'assurer que ces technologies sont développées de manière responsable et que les problèmes sociaux et psychologiques potentiels sont atténués.

Applications et avancées à venir

Les technologies immersives continueront de remodeler les expériences des utilisateurs dans divers secteurs :

- **Éducation et formation** : la technologie immersive a le potentiel de révolutionner l'éducation et la formation professionnelle, en rendant les conférences et les démonstrations plus attrayantes et interactives. Par exemple, considérez les étudiants en médecine pratiquant des chirurgies via VR, ou les mécaniciens apprenant de nouveaux processus d'assemblage via des superpositions AR.

- **Collaboration à distance** : à mesure que le travail à distance devient plus répandu, les technologies immersives peuvent jouer un rôle important en facilitant la collaboration à distance, en connectant les membres de l'équipe dans des salles de réunion virtuelles ou en aidant les employés à créer des liens grâce à des exercices de consolidation d'équipe basés sur la réalité virtuelle.
- **Soins de santé** : la réalité virtuelle et la réalité augmentée peuvent révolutionner les soins de santé, qu'il s'agisse de fournir une thérapie pour les troubles de santé mentale et de surmonter les phobies ou d'aider à la réadaptation physique et à la gestion de la douleur.

Préparer le futur des technologies immersives

En tant que designer UX, vous pouvez vous préparer de plusieurs manières à l'avenir des technologies immersives :

1. Tenez-vous au courant des derniers développements, tels que le nouveau matériel, les plates-formes logicielles et les tendances de conception.
2. Expérimentez avec des outils et des plateformes immersifs pour comprendre leurs capacités et leurs limites.

3. Adaptez vos compétences en conception pour vous concentrer sur la création d'environnements 3D et la planification des interactions des utilisateurs dans des scénarios de réalité virtuelle et mixte.
4. Réseautez avec des professionnels dans le domaine, assistez à des conférences et à des webinaires et participez à des communautés en ligne pour vous tenir au courant des meilleures pratiques et des études de cas.

En restant informé et flexible dans cet environnement dynamique, vous pouvez jouer un rôle essentiel dans l'élaboration de l'avenir de la conception UX et, en fin de compte, des expériences utilisateur offertes par les technologies immersives.

Chapitre X : Concevoir pour l'avenir : maîtriser les tendances et l'innovation UX

Alors que nous grandissons, évoluons et continuons d'innover, la conception de l'expérience utilisateur (UX) reste un aspect crucial de nos interactions en ligne et numériques. Des nouveaux appareils et applications aux conditions sociales et de marché en constante évolution, nous devons anticiper et façonner nos expériences pour ouvrir la voie aux futures tendances de la conception UX. Dans ce chapitre, nous explorerons les tendances futures possibles et apprendrons comment devenir un maître UX en mélangeant créativité, pensée critique et esprit d'innovation.

Section I : Tendances UX émergentes

Dans le monde en évolution rapide de l'UX, de nombreuses tendances et innovations gagnent du terrain. Il est crucial pour les concepteurs UX de rechercher, de comprendre et de prendre en compte ces tendances lors de la conception de nouveaux produits et expériences. Certaines de ces tendances émergentes comprennent :

1. **Interfaces vocales et conversationnelles** : Avec l'essor des assistants numériques comme Alexa, Siri et Google Assistant, les utilisateurs sont de plus en plus à l'aise avec les interactions vocales. Les concepteurs UX doivent réfléchir à la manière dont la voix peut être intégrée dans les conceptions pour créer des expériences utilisateur plus intuitives et engageantes.
   o Conseils pour concevoir des interfaces utilisateur vocales :
   ■ Créez un flux de conversation naturel et facile à comprendre.
   ■ Assurez-vous que l'interface vocale est détectable et facilement accessible.
   ■ Fournissez des commentaires clairs et une confirmation aux utilisateurs lors des interactions.
   ■ Anticipez des accents et des modèles de discours variés pour rendre le design inclusif.
2. **Intelligence artificielle et apprentissage automatique** : la personnalisation basée sur l'IA, les chatbots et l'analyse prédictive ont fait leur chemin dans la conception UX. Ils changent la nature des interactions des utilisateurs, offrant aux utilisateurs

des expériences améliorées conçues spécialement pour eux.

○ Conseils pour concevoir une UX avec l'IA :

■ Comprendre les besoins des utilisateurs et identifier les domaines dans lesquels l'IA peut améliorer l'expérience utilisateur.

■ Travaillez en étroite collaboration avec les développeurs pour intégrer les algorithmes d'apprentissage automatique de manière transparente.

■ Gardez la conception centrée sur l'utilisateur - rendez l'IA discrète et concentrez-vous sur les avantages pour l'utilisateur.

■ Tenez compte des préoccupations éthiques lors de l'utilisation de l'IA dans la conception, telles que la confidentialité et l'équité des données.

3. **Réalité Augmentée et Virtuelle** : Les technologies AR et VR ont ouvert les portes à des expériences immersives et interactives auparavant inimaginables dans la conception UX. Ils offrent aux utilisateurs de nouvelles dimensions d'interaction et une immersion sensorielle complète dans les mondes numériques.

○ Conseils pour concevoir UX en AR et VR :

■ Comprendre les possibilités et les limites uniques de la technologie immersive.

■ Créez des environnements 3D qui répondent aux besoins et aux attentes des utilisateurs.

■ Concevez des interactions qui tirent parti de la conscience spatiale et des gestes naturels.

■ Équilibrez les retours visuels, auditifs et haptiques pour créer des expériences multisensorielles.

4. **Conception inclusive et accessible** : Il est essentiel de rendre les conceptions accessibles aux utilisateurs ayant des capacités et des expériences différentes. La conception inclusive garantit que les

produits et services sont utilisables et agréables pour tous, quels que soient leurs capacités, leur âge ou leurs antécédents.

○ Conseils pour créer un design UX inclusif et accessible :

■ Recherchez et comprenez la diversité des capacités, des préférences et des expériences des utilisateurs.

■ Traitez les problèmes d'accessibilité pendant le processus de conception et utilisez les directives d'accessibilité.

■ Testez les conceptions avec divers groupes d'utilisateurs pour vous assurer qu'un large éventail d'expériences est pris en compte.

■ Développer l'empathie et la compréhension pour les utilisateurs en favorisant une culture d'inclusion au sein de l'équipe de conception.

Section II : Maîtriser le processus de conception UX

Pour suivre le paysage UX en constante évolution et maîtriser le processus de conception, vous devez posséder et développer vos compétences dans les domaines suivants :

1. **Recherche** : comprendre les besoins des utilisateurs, les points faibles et les attentes par le biais d'entretiens, d'observations, d'enquêtes et d'analyses de données.

2. **Wireframing, prototypage et test** : développez et itérez sur des prototypes basse et haute fidélité et testez-les avec des utilisateurs réels pour recueillir des commentaires et valider les solutions de conception.

3. **Conception visuelle** : Développer de solides compétences en conception visuelle pour créer des interfaces utilisateur esthétiques et fonctionnelles.
4. **Architecture de l'information** : organisez, structurez et étiquetez le contenu de manière intuitive et accessible pour les utilisateurs.
5. **Conception d'interaction** : Comprenez comment les utilisateurs interagissent avec votre produit et concevez des interfaces intuitives et attrayantes.
6. **Stratégie de contenu** : offrez un contenu utile, engageant et accessible, adapté aux besoins et aux préférences de vos utilisateurs.
7. **Design Thinking** : Utilisez des principes de conception centrés sur l'humain et engagez-vous dans un processus d'empathie, de définition, d'idée, de prototypage et de test pour créer des solutions innovantes.
8. **Collaboration interdisciplinaire** : Travaillez efficacement et efficacement avec des équipes d'expertises différentes, telles que des développeurs, des chefs de produit et des spécialistes du marketing.
9. **Apprentissage continu** : Restez à jour avec les tendances de conception, les outils et les meilleures pratiques pour rester pertinent et adaptable dans le paysage UX en constante évolution.

Section III : Adopter l'innovation et l'adaptabilité dans la conception UX

Alors que vous maîtrisez le processus de conception UX et restez au courant des tendances émergentes, il est crucial de plier ces concepts avec un esprit d'innovation et d'exploration créative. Les meilleurs designers UX ne sont pas seulement des adeptes des tendances, mais des créateurs qui ouvrent la voie.

Pour devenir un leader d'opinion UX et adopter l'innovation :

1. **Expérimentez de nouvelles idées** : Osez défier les normes de conception conventionnelles et expérimentez de nouvelles solutions. Parfois, les percées les plus importantes se produisent lorsque nous nous laissons la liberté d'explorer sans craindre l'échec.
2. **Apprendre des autres disciplines** : Les innovations se produisent souvent à l'intersection de différents domaines. Restez curieux, apprenez continuellement des autres disciplines et recherchez des moyens d'intégrer de nouvelles idées et méthodologies dans votre pratique de conception UX.
3. **Adopter le changement** : la conception UX est un domaine en constante évolution - de nouvelles tendances, technologies et attentes des utilisateurs émergent en permanence. Soyez ouvert à l'apprentissage, à l'adaptation et à l'itération de vos conceptions, outils et processus en réponse à ces changements.
4. **Cultivez un état d'esprit créatif** : Engagez-vous dans des réflexions divergentes, des sessions de brainstorming et cultivez une culture de créativité au sein de votre équipe. Repoussez les limites de ce qui est possible dans la conception UX et soyez ouvert aux nouvelles idées et perspectives.

En suivant les tendances émergentes, en maîtrisant le processus de conception UX et en favorisant un esprit d'innovation, vous serez sur la bonne voie pour vous établir en tant que leader dans la communauté de conception UX. Au fur et à mesure que vous poursuivez ce voyage, n'oubliez pas de vous engager dans un apprentissage continu, de rester curieux et, surtout, de garder les utilisateurs au centre de tout ce que vous faites dans la conception UX.

Chapitre 8 : Conception inclusive : Créer des expériences accessibles et équitables

Dans le monde d'aujourd'hui, où le paysage numérique change et évolue constamment, il est crucial que les concepteurs et les développeurs créent des solutions qui répondent à un large éventail de besoins, de préférences et de capacités. Ce chapitre se concentre sur la conception inclusive, une pratique qui vise à rendre les produits plus accessibles et équitables pour tous les utilisateurs, quelles que soient leurs différences physiques, cognitives ou culturelles.

Dans ce chapitre, nous discuterons de l'importance de la conception inclusive dans le contexte de la conception UX, explorerons les meilleures pratiques et partagerons des idées sur les tendances futures de la conception inclusive. À la fin de ce chapitre, vous aurez une meilleure compréhension de la façon d'intégrer la conception inclusive dans vos propres projets et de créer des expériences qui s'adressent à tout le monde.

8.1 L'importance de la conception inclusive

La conception inclusive se concentre sur la création de produits et de services qui peuvent être facilement accessibles, compris et utilisés par le plus grand nombre de personnes possible, sans nécessiter d'adaptation ou de conception spécialisée. Cette approche de la conception garantit que les personnes ayant des besoins et des capacités divers ne sont pas exclues des avantages de la technologie et des produits numériques.

Il existe plusieurs raisons importantes d'envisager une conception inclusive dans vos projets :

1. **Croissance de la population mondiale diversifiée** : avec une population qui vieillit rapidement et une diversité culturelle croissante, il existe un besoin croissant de produits qui répondent à un large éventail de besoins et de préférences.
2. **Législation et réglementations** : De nombreux pays ont mis en place des lois et réglementations pour garantir que les produits numériques sont accessibles aux personnes handicapées. Le non-respect de ces réglementations peut entraîner des sanctions légales et une mauvaise réputation de la marque.
3. **Meilleures expériences utilisateur** : les principes de conception inclusifs conduisent souvent à des améliorations de la convivialité, car ils encouragent les concepteurs à simplifier les interfaces, à réduire la charge cognitive et à se concentrer sur les fonctionnalités essentielles d'un produit.

4. **Innovation** : Le processus de conception pour divers besoins peut conduire à de nouvelles idées et à des solutions innovantes qui peuvent profiter à tous les utilisateurs.

5. **Responsabilité éthique** : Les designers ont l'obligation morale et éthique de créer des produits et services accessibles à tous, pas seulement au plus grand nombre.

8.2 Meilleures pratiques pour une conception inclusive

Afin de créer des expériences utilisateur accessibles et équitables, les concepteurs doivent tenir compte des meilleures pratiques suivantes :

8.2.1 Adopter la diversité

Reconnaissez qu'il n'y a pas d'approche « taille unique » en matière de conception et que les utilisateurs ont des besoins, des préférences et des capacités variés. Interagissez avec un large éventail d'utilisateurs et sollicitez leur avis au cours du processus de recherche et de conception pour vous assurer que vos solutions conviennent au plus grand nombre de personnes possible.

8.2.2 Envisager l'accessibilité dès le départ

Intégrez des considérations d'accessibilité à chaque étape du processus de conception, de la recherche et de l'analyse des utilisateurs au prototypage et aux tests. Cela aidera à identifier les obstacles potentiels tôt dans le processus et à développer des solutions plus accessibles.

8.2.3 Priorité à la simplicité

Concevez des interfaces faciles à comprendre, à naviguer et à utiliser. Réduisez la charge cognitive en organisant les informations de manière claire et logique, en utilisant des modèles de conception cohérents et en fournissant des instructions et des commentaires clairs aux utilisateurs.

8.2.4 Utiliser plusieurs modalités

Fournissez des informations dans plusieurs formats, tels que du texte, des images et de l'audio, pour vous assurer que les utilisateurs ayant des préférences et des capacités de communication différentes peuvent accéder au contenu et le comprendre.

8.2.5 Conception pour la flexibilité

Créez des produits et des services qui peuvent être personnalisés et adaptés aux préférences et aux besoins de chacun. Autorisez les utilisateurs à ajuster les paramètres, tels que la taille du texte, le contraste des couleurs et le volume audio, pour personnaliser leur expérience.

8.2.6 Test avec divers utilisateurs

Impliquez les utilisateurs ayant des besoins et des capacités divers dans les activités de test et d'évaluation de l'utilisabilité afin d'identifier les obstacles potentiels et les domaines à améliorer.

8.3 Tendances futures de la conception inclusive

À mesure que la technologie continue d'évoluer, le domaine de la conception inclusive devrait se développer et s'adapter pour répondre aux besoins d'une population mondiale de plus en plus diversifiée. Certaines tendances émergentes dans le domaine de la conception inclusive comprennent :

1. **Personnalisation basée sur l'IA** : L'intégration des technologies d'intelligence artificielle (IA), telles que l'apprentissage automatique et le traitement du langage naturel, permettra une plus grande personnalisation des expériences numériques, en adaptant automatiquement les interfaces et les fonctionnalités en fonction des besoins et des préférences de chaque utilisateur.
2. **Interfaces basées sur la voix et les gestes** : les progrès des technologies de reconnaissance vocale et de suivi des gestes permettront des formes d'interaction plus intuitives et accessibles, en particulier pour les utilisateurs à mobilité ou dextérité réduites.
3. **Conception adaptative et réactive** : à mesure que les produits numériques deviennent plus complexes et polyvalents, les solutions de conception devront être adaptables et réactives à un large éventail d'appareils, de plates-formes et de contextes,

garantissant des expériences transparentes et accessibles pour tous les utilisateurs.

4. **Réalité augmentée et mixte** : Les technologies émergentes, telles que la réalité augmentée (AR) et la réalité mixte (MR), offriront de nouvelles opportunités pour améliorer l'accessibilité et l'inclusion en mélangeant le contenu numérique avec l'environnement physique de l'utilisateur, permettant des interactions plus intuitives et immersives.

5. **L'essor de l'accessibilité numérique** : à mesure que les réglementations et les normes d'accessibilité numérique continuent d'évoluer et d'être appliquées, les organisations devront investir dans des pratiques de conception et de développement axées sur l'accessibilité pour garantir la conformité et offrir des expériences plus inclusives.

En conclusion, l'intégration de principes et de pratiques de conception inclusifs dans votre processus de conception UX vous aidera à créer des expériences plus accessibles et équitables qui répondent aux divers besoins de vos utilisateurs. En adoptant la diversité, en vous concentrant sur la simplicité et en restant informé des tendances et technologies émergentes, vous pouvez contribuer à un paysage numérique plus inclusif et avoir un impact positif sur la vie de millions de personnes dans le monde.

8.1 Les principes de la conception inclusive

La conception inclusive est une approche de création de produits, de services et d'environnements utilisables par le plus grand nombre de personnes possible sans nécessiter d'adaptation ou de conception spécialisée. Il prend en compte l'éventail complet des capacités humaines, en se concentrant sur l'accessibilité et la convivialité, quels que soient les handicaps, les origines culturelles ou l'âge des utilisateurs. Dans ce chapitre, nous explorerons les principes de la conception inclusive qui aideront les concepteurs UX à créer des expériences plus accessibles, utilisables et agréables pour tous les utilisateurs.

1. Reconnaître la diversité et l'unicité

Comprendre les besoins et les préférences uniques de chaque utilisateur est essentiel pour créer un design inclusif. Les gens ont des capacités, des origines, des cultures et des préférences différentes, ce qui signifie qu'il n'y a pas de solution unique. Les concepteurs UX doivent reconnaître et célébrer ces différences en créant des conceptions adaptables et flexibles qui répondent aux divers besoins des utilisateurs.

Stratégies:

- Effectuez des recherches approfondies sur les utilisateurs pour comprendre les divers besoins, préférences et limites de votre public cible.

- Impliquez des utilisateurs d'horizons et de capacités variés dans le processus de conception. Sollicitez les commentaires et les commentaires d'un groupe diversifié d'utilisateurs tout au long du processus de développement.
- Concevez des solutions flexibles et personnalisables qui offrent de multiples façons aux utilisateurs d'interagir avec et d'expérimenter le produit ou le service.

2. Concentrez-vous sur la convivialité et l'apprentissage

La conception inclusive doit donner la priorité à la convivialité et à l'apprentissage pour tous les utilisateurs. Les produits et services doivent être faciles à utiliser, à comprendre et à apprendre, quel que soit le niveau d'expertise ou d'expérience des utilisateurs.

Stratégies:

- Appliquez des heuristiques et des directives d'utilisabilité établies pour créer des interfaces utilisateur intuitives.
- Utilisez un langage clair et simple pour communiquer les informations.
- Fournir des instructions et des conseils appropriés pour aider les utilisateurs à apprendre à utiliser un produit ou un service.
- Testez la convivialité et l'apprentissage de vos conceptions avec un groupe diversifié d'utilisateurs afin d'identifier les domaines à améliorer.

3. Offrir des expériences équitables

La conception inclusive s'efforce de fournir une expérience égale et équitable à tous les utilisateurs. Cela signifie s'assurer que tous les utilisateurs peuvent accéder et bénéficier d'un produit ou d'un service, quelles que soient leurs circonstances personnelles ou leurs capacités.

Stratégies:

- Concevez pour l'accessibilité en adhérant aux normes d'accessibilité, telles que les directives pour l'accessibilité des contenus Web (WCAG).
- Créez plusieurs façons d'accéder et d'interagir avec un produit ou un service, en garantissant à chaque utilisateur une expérience agréable et efficace.
- Évitez les obstacles inutiles, tels que les processus d'inscription complexes ou la typographie difficile à lire, qui peuvent exclure les utilisateurs souffrant de certains handicaps ou limitations.

4. Soyez flexible et adaptable

La flexibilité et l'adaptabilité sont des éléments clés de la conception inclusive. Une conception flexible peut s'adapter aux différentes préférences, capacités et limites d'une base d'utilisateurs diversifiée, tout en étant adaptable à différents appareils, technologies et contextes d'utilisation.

Stratégies:

- Offrez des paramètres personnalisables qui permettent aux utilisateurs d'ajuster les fonctionnalités et les interactions en fonction de leurs préférences ou de leurs capacités.
- Concevez des interfaces réactives qui s'adaptent à différents appareils et tailles d'écran.
- Assurez-vous que votre conception fonctionne avec différentes méthodes de saisie, telles que les écrans tactiles, les claviers ou les commandes vocales.

5. Favoriser les connexions émotionnelles

La conception inclusive cherche également à créer des liens émotionnels entre les utilisateurs et les produits, services ou environnements avec lesquels ils interagissent. En tenant compte des besoins émotionnels des utilisateurs et en favorisant les émotions positives, les concepteurs UX peuvent créer des expériences plus précieuses, engageantes et inclusives.

Stratégies:

- Identifiez les besoins émotionnels de vos utilisateurs et visez à y répondre par le design.
- Utilisez des éléments de conception visuels et interactifs pour créer des expériences positives et significatives pour les utilisateurs.

- Encouragez l'interaction sociale et la collaboration au sein de votre conception, car cela peut favoriser des sentiments de communauté et d'inclusion.

6. Tenez compte de la sensibilité culturelle

La sensibilité culturelle joue un rôle important dans la conception inclusive. Les concepteurs UX doivent reconnaître et respecter la diversité des cultures, des croyances et des valeurs de leurs utilisateurs, et s'assurer que leurs conceptions sont culturellement appropriées.

Stratégies:

- Recherchez et comprenez le contexte culturel de votre public cible pour créer des conceptions sensibles à leurs valeurs et pratiques.
- Collaborez avec des experts locaux ou investissez dans une formation interculturelle pour mieux comprendre les nuances culturelles de vos utilisateurs.
- Évitez les stéréotypes et les préjugés culturels dans votre conception en évitant les images, le langage ou les interactions offensants.

En intégrant ces principes dans votre processus de conception, vous créerez des produits et services plus inclusifs, accessibles et agréables pour tous les utilisateurs. Adopter une conception inclusive vous aide non seulement à répondre aux besoins d'une base d'utilisateurs de plus en plus diversifiée, mais vous pousse également à créer des solutions de conception plus innovantes et réfléchies, au bénéfice ultime de vos utilisateurs et de votre organisation.

8.2 Conception pour l'accessibilité et la diversité des utilisateurs

En cette ère numérique, la technologie est devenue un élément essentiel de notre vie quotidienne, en particulier lorsque le monde est passé au travail à distance pendant la pandémie, amplifiant encore la nécessité de créer des conceptions encore plus inclusives et accessibles. Concevoir pour l'accessibilité et la diversité des utilisateurs n'est pas une simple tendance mais une nécessité pour des pratiques de conception éthiques. Cela signifie créer des produits utilisables et facilement accessibles par des personnes ayant des antécédents, des capacités et des handicaps divers.

Concevoir pour l'accessibilité va au-delà de l'adaptation des utilisateurs handicapés ; il s'agit de s'assurer que votre conception est inclusive et prend en compte les besoins d'individus de différents genres, cultures, langues et autres origines. Dans cette section, nous explorerons l'importance de la conception pour l'accessibilité et discuterons de la manière dont nous pouvons mettre en œuvre concrètement diverses pratiques de conception accessibles.

Pourquoi concevoir pour l'accessibilité est important

La mise en œuvre de l'accessibilité dans votre processus de conception démontre un engagement à créer des produits Web et numériques plus inclusifs. Avantages d'accessibilité :

1. **Utilisateurs diversifiés** : Les conceptions accessibles permettent aux personnes handicapées d'utiliser les produits plus facilement et sans barrières, récompensant un plus large éventail d'utilisateurs.
2. **Valeur commerciale** : un design accessible peut augmenter l'audience d'une marque, ce qui peut conduire à des clients plus satisfaits et à une augmentation des revenus.
3. **Obligation légale** : Dans certains pays, comme les États-Unis, la conception de sites Web accessibles est légalement requise sous certaines conditions, et les entreprises peuvent être tenues responsables en cas de non-respect de ces réglementations.
4. **Meilleure expérience utilisateur** : les conceptions accessibles sont souvent plus simples et plus accessibles à comprendre, ce qui conduit à une meilleure convivialité pour tout le monde.

Principes de conception accessible

Les Web Content Accessibility Guidelines (WCAG) sont un ensemble de recommandations visant à rendre le contenu Web plus accessible. La directive

WCAG 2.1 s'articule autour de quatre principes clés : perceptible, utilisable, compréhensible et robuste.

Perceptible

Assurez-vous que tous les utilisateurs peuvent percevoir le contenu à l'écran. Cela implique de fournir un texte alternatif pour les images, des légendes pour les vidéos et d'aider les utilisateurs à naviguer facilement dans le contenu. Voici quelques conseils pour créer du contenu perceptible :

1. **Utiliser le texte de remplacement pour le multimédia** : fournissez des descriptions textuelles alternatives pour décrire le contenu des images, des vidéos et d'autres éléments non textuels.
2. **Choisissez judicieusement la typographie** : sélectionnez des polices lisibles, utilisez un espacement suffisant entre les lettres et les lignes et assurez-vous d'un rapport de contraste élevé entre le texte et l'arrière-plan.
3. **Fournir des transcriptions de texte et des sous-titres** : fournir des transcriptions pour le contenu audio et des sous-titres pour le contenu vidéo afin d'accommoder les utilisateurs malentendants.

Opérable

Les utilisateurs doivent pouvoir naviguer facilement dans votre conception et interagir avec les composants de l'interface. Voici quelques façons de vous assurer que votre conception est opérationnelle :

1. **Accessibilité au clavier** : assurez-vous que toutes les fonctionnalités et interactions sont accessibles et contrôlées à l'aide d'un clavier, sans compter sur une souris.
2. **Navigation cohérente** : utilisez des modèles de navigation et des libellés cohérents sur l'ensemble du site.
3. **Offrez plusieurs façons d'accéder au contenu** : Fournissez plusieurs façons d'accéder au contenu, telles que des fonctions de recherche, des plans de site ou des menus.

Compréhensible

Rendez votre contenu et votre interface faciles à comprendre et à utiliser. Voici quelques conseils pour créer un contenu compréhensible :

1. **Utilisez un langage clair** : Écrivez dans un langage simple et évitez le jargon ou les phrases complexes.
2. **Éléments d'interface utilisateur cohérents** : utilisez des composants et des styles d'interface utilisateur cohérents sur l'ensemble du site.
3. **Prévention des erreurs et retour d'information** : aidez les utilisateurs à éviter les erreurs et donnez des messages clairs lorsque des erreurs se produisent.

Robuste

Votre conception doit être compatible avec les technologies actuelles et futures, y compris les technologies d'assistance telles que les lecteurs d'écran. Voici quelques façons de créer des conceptions robustes :

1. **HTML sémantique** : Utilisez des éléments HTML et des valeurs d'attributs appropriés pour donner du sens à votre contenu.
2. **Conception réactive** : concevez votre site pour qu'il fonctionne bien sur différents appareils et tailles d'écran.
3. **Compatibilité entre navigateurs** : testez et optimisez votre site pour une utilisation avec différents navigateurs, en vous assurant qu'il fonctionne de manière prévisible sur chacun d'eux.

Conseils pratiques pour concevoir pour divers utilisateurs

1. **Comprenez votre public** : effectuez des recherches approfondies sur les utilisateurs pour comprendre les antécédents et les préférences de vos utilisateurs, ainsi que les défis auxquels ils peuvent être confrontés lors de l'utilisation de votre produit.
2. **Représentation inclusive** : Utilisez des images, un langage et des exemples divers et inclusifs dans votre contenu.
3. **Tenez compte des différences culturelles** : Tenez compte des différences culturelles pour vous assurer que votre conception a un attrait mondial sans promouvoir les stéréotypes.
4. **Testez avec de vrais utilisateurs** : Effectuez des tests d'utilisabilité avec un groupe diversifié d'utilisateurs pour découvrir les obstacles dans votre

conception et améliorer son accessibilité de manière itérative.

En concevant pour l'accessibilité et la diversité des utilisateurs, nous créons un paysage numérique plus inclusif qui profite non seulement aux personnes handicapées, mais à tous ceux qui interagissent avec nos produits. En suivant les principes et les conseils pratiques mentionnés ci-dessus et en vous tenant au courant de l'évolution des normes, vous serez bien armé pour créer des conceptions inclusives et accessibles pour une base d'utilisateurs plus large.

8.3 Conception universelle et interfaces adaptatives

Alors que nous continuons à explorer la maîtrise de la conception UX, nous devons prendre en compte l'importance croissante de la conception inclusive, en particulier en ce qui concerne les principes de conception universelle et la recherche et le développement d'interfaces adaptatives. Cette section approfondira ces aspects significatifs, abordant leur évolution tout en examinant les composants essentiels qui sous-tendent leur succès dans la création d'expériences utilisateur immersives et accessibles.

Qu'est-ce que la conception universelle ?

La conception universelle, également connue sous le nom de conception inclusive ou conception sans obstacle, est une approche de conception qui vise à créer des produits, des services et des environnements accessibles aux individus, quelles que soient leurs capacités ou leurs handicaps. Cette philosophie de conception est fondée sur l'idée d'égalité des chances et d'inclusion sociale pour tous, indépendamment de l'âge, de la taille, de la capacité ou du handicap.

Les principes fondamentaux de la conception universelle se concentrent sur la flexibilité, la simplicité, l'intuitivité et la nature perceptible de toute information, chaque aspect du processus de conception prenant en considération les besoins particuliers de chaque utilisateur potentiel. Par conséquent, les développeurs et les concepteurs doivent tenir compte des utilisateurs ayant diverses capacités sensorielles, motrices et cognitives dans leurs conceptions, tels que les personnes malvoyantes, malentendantes ou à mobilité réduite.

Les sept principes de la conception universelle

Le concept de conception universelle a été introduit pour la première fois par Ron Mace, un architecte américain, en 1985. Le Center for Universal Design de la North Carolina State University a défini les sept principes directeurs en 1997. Ces principes constituent le fondement de la réalisation de la conception inclusive :

1. **Utilisation équitable :** la conception doit répondre aux besoins des personnes ayant un large éventail de capacités et de préférences, garantissant que l'expérience utilisateur est maintenue pour tous, quelles que soient les capacités.

2. **Flexibilité d'utilisation :** la conception doit s'adapter à une diversité de préférences et de capacités des utilisateurs, en adaptant les niveaux de performance et les méthodes aux besoins individuels.

3. **Utilisation simple et intuitive :** L'expérience utilisateur doit être facile à comprendre, quelles que soient les connaissances préalables, les compétences linguistiques ou les capacités cognitives de l'utilisateur.

4. **Informations perceptibles :** la conception doit communiquer efficacement les informations intégrées aux utilisateurs, quelles que soient les conditions ambiantes ou les capacités sensorielles de l'utilisateur.

5. **Tolérance à l'erreur :** la conception doit minimiser les conséquences néfastes des actions accidentelles ou involontaires, en minimisant le potentiel d'erreur grâce à l'utilisation de fonctions de sécurité et d'avertissements.

6. **Faible effort physique :** la conception doit être facile à utiliser et faciliter des interactions efficaces pour les utilisateurs ayant des capacités et des limitations physiques variables.

7. **Taille et espace pour l'approche et l'utilisation :** la conception doit fournir suffisamment d'espace pour l'interaction de l'utilisateur tout en garantissant une

taille d'élément appropriée pour un accès, une utilisation et une manipulation faciles.

L'application de ces principes de conception universelle permet aux concepteurs de créer des produits et des services facilement accessibles et agréables pour un large éventail d'utilisateurs, contribuant ainsi à un avenir numérique inclusif.

Interfaces adaptatives

Avec le paysage technologique en constante évolution et l'importance croissante accordée à la conception centrée sur l'utilisateur, le concept d'interfaces adaptatives est devenu un outil puissant pour répondre aux divers besoins des utilisateurs. Les interfaces adaptatives sont des interfaces utilisateur sensibles au contexte qui ajustent et optimisent automatiquement leur contenu et leur mise en page pour s'adapter au mieux aux capacités de l'utilisateur, aux contraintes de l'appareil et aux conditions environnementales. En évoluant de manière dynamique, une interface adaptative peut fournir une expérience utilisateur personnalisée, augmentant la convivialité et la satisfaction globale.

Composants clés des interfaces adaptatives

Les interfaces adaptatives reposent sur plusieurs composants fondamentaux qui contribuent collectivement à une expérience utilisateur améliorée :

1. **Profil de l'utilisateur :** une compréhension approfondie des capacités, des préférences et des exigences de l'utilisateur est essentielle pour éclairer la conception d'une interface adaptative. Cela implique la collecte de données utilisateur pertinentes, telles que les données démographiques, les capacités et les habitudes d'utilisation des appareils.

2. **Contexte de l'appareil :** la conception doit tenir compte des contraintes matérielles et logicielles de l'appareil utilisé pour l'interaction, permettant une adaptation transparente sur les interfaces de bureau, mobiles et tablettes.

3. **Environnement :** les conditions ambiantes dans lesquelles un utilisateur accède à l'interface, telles que l'éclairage, la température, le bruit, etc., influencent fortement l'expérience de l'utilisateur. Les interfaces adaptatives doivent reconnaître ces conditions variables et s'adapter en conséquence.

4. **Contexte de la tâche :** comprendre les objectifs, les intentions et les tâches de l'utilisateur est essentiel pour créer des interfaces adaptatives efficaces. Ce contexte permet à l'interface d'anticiper les besoins des utilisateurs et de proposer des solutions et un accompagnement adaptés.

5. **Historique des interactions :** les interactions passées, les habitudes d'utilisation et les actions d'un individu fournissent un aperçu significatif de ses préférences, facilitant la conception d'une expérience utilisateur de plus en plus personnalisée.

En maîtrisant ces composants essentiels, les concepteurs et les développeurs peuvent créer des interfaces adaptatives qui répondent de manière dynamique aux divers besoins des utilisateurs, devenant ainsi un élément essentiel de la conception universelle et de l'inclusivité dans l'UX.

Conclusion

Dans notre quête de maîtrise de la conception UX, nous devons comprendre et apprécier l'importance croissante de la conception universelle et des interfaces adaptatives. La création d'expériences numériques non seulement engageantes mais également accessibles aux personnes de toutes capacités est un aspect indispensable de l'UX moderne. En adhérant aux principes de conception universelle et en exploitant la puissance des interfaces adaptatives, les concepteurs peuvent favoriser un paysage numérique inclusif, garantissant des expériences enrichissantes aux utilisateurs de tous horizons et capacités.

8.4 Surmonter les obstacles à l'inclusion dans la conception UX

L'inclusion et l'accessibilité sont des considérations essentielles pour la conception UX, garantissant qu'un produit répond aux besoins, aux préférences et aux attentes de la base d'utilisateurs la plus large possible. Cependant, la création de conceptions inclusives peut rencontrer plusieurs obstacles ou défis. Cette section explore les obstacles courants et propose des stratégies et des techniques pour les surmonter.

8.4.1 Identifier et comprendre les obstacles communs

Pour surmonter les obstacles à l'inclusion dans la conception UX, nous devons d'abord les identifier et les comprendre. Certains obstacles courants comprennent :

1. **Manque de sensibilisation** : de nombreux concepteurs ne sont pas conscients des besoins et des exigences spécifiques des divers groupes d'utilisateurs ou des principes de la conception inclusive.
2. **Penser en stéréotypes** : les concepteurs peuvent faire des hypothèses sur les utilisateurs en se basant sur des stéréotypes, ce qui peut conduire à de fausses hypothèses sur les besoins, les objectifs ou les capacités des utilisateurs.
3. **Recherche d'utilisateurs insuffisante** : Négliger la recherche d'utilisateurs et les personnages qui représentent divers utilisateurs peut conduire à des décisions de conception mal informées.
4. **Connaissances limitées en matière d'accessibilité** : les concepteurs qui manquent d'expérience ou de formation sur les directives et les meilleures pratiques en matière d'accessibilité peuvent avoir du mal à créer des produits inclusifs.
5. **Inclusion vs Esthétique** : Certains concepteurs privilégient l'esthétique ou les tendances plutôt que la convivialité et l'accessibilité, ce qui entraîne des

conceptions qui excluent certains groupes d'utilisateurs.

6. **Manque de budget ou de ressources :** dans certains cas, des contraintes budgétaires ou de ressources peuvent empêcher les concepteurs, les organisations ou les équipes de prioriser ou de mettre en œuvre des conceptions inclusives.

8.4.2 Stratégies pour surmonter les obstacles à l'inclusion

Pour surmonter ces obstacles et créer des conceptions plus inclusives, envisagez les stratégies suivantes :

8.4.2.1 Renseignez-vous et informez votre équipe

Investissez dans la formation de vous-même et des membres de votre équipe sur les principes de conception inclusifs, les directives d'accessibilité et les besoins et préférences spécifiques des divers groupes d'utilisateurs. Les ressources suivantes peuvent vous aider à construire une base solide :

• Les directives pour l'accessibilité du contenu Web (WCAG) — directives pour la conception de contenu Web accessible aux utilisateurs handicapés.
• Articles, livres et cours en ligne sur la conception inclusive et l'accessibilité (par exemple, la section Accessibilité d'A List Apart , Inclusive Design Patterns par Heydon Pickering).

- Outils d'accessibilité, listes de contrôle et cadres (par exemple, WAVE Web Accessibility Tool , Accessibility for Teams , Microsoft's Inclusive Design Toolkit).

8.4.2.2 Mener une recherche approfondie sur les utilisateurs

Effectuez des recherches approfondies sur les utilisateurs pour comprendre les besoins, les attentes et les capacités de votre public cible. Assurez-vous d'inclure un large éventail d'utilisateurs dans votre recherche, en tenant compte de facteurs tels que l'âge, le sexe, les capacités, la culture et le milieu socio-économique.

Vous pouvez utiliser diverses méthodes de recherche, telles que des entretiens, des enquêtes, des groupes de discussion ou des tests d'utilisabilité, pour recueillir des informations sur les préférences, les objectifs et les points faibles des utilisateurs. De plus, impliquez les utilisateurs handicapés dans vos recherches et vos tests pour vous assurer que vos conceptions leur sont accessibles.

8.4.2.3 Développer des personnalités diverses

Créez des personnages qui représentent un large éventail d'utilisateurs, y compris ceux qui ont des capacités, des antécédents et des besoins différents. Divers personnages peuvent vous aider à remettre en question vos hypothèses et à identifier les besoins spécifiques de divers groupes d'utilisateurs.

Lorsque vous développez des personnages, tenez compte de facteurs tels que les capacités cognitives, physiques et sensorielles ; compétence technique; préférences linguistiques et culturelles; et le milieu socio-économique. Cela vous aidera à prendre des décisions plus éclairées pendant le processus de conception et à créer une expérience utilisateur plus inclusive.

8.4.2.4 Donner la priorité à la convivialité et à l'accessibilité

Bien que l'esthétique et les tendances soient importantes, donnez la priorité à la convivialité et à l'accessibilité pour vous assurer que vos conceptions s'adressent à un large éventail d'utilisateurs. Efforcez-vous de trouver un équilibre entre l'esthétique, la fonctionnalité et l'accessibilité pour créer une expérience utilisateur visuellement attrayante et inclusive.

Suivez les directives d'accessibilité, telles que les WCAG, et intégrez les meilleures pratiques, telles que des titres clairs, un texte alternatif significatif, une navigation au clavier et un contraste de couleur suffisant, dans vos conceptions.

8.4.2.5 Rechercher des commentaires et itérer

Invitez les utilisateurs, y compris les personnes handicapées, à participer aux tests d'utilisabilité et recherchez en permanence les commentaires d'un large éventail d'utilisateurs pour affiner vos conceptions. Examinez votre conception par rapport aux directives d'accessibilité et aux meilleures pratiques, et apportez des améliorations en fonction des commentaires des utilisateurs et des résultats des tests.

En itérant et en améliorant continuellement vos conceptions, vous pouvez vous assurer qu'elles répondent aux besoins et aux préférences du public le plus large possible.

8.4.3 Conclusion

L'inclusion et l'accessibilité sont des aspects essentiels de la conception UX, et prendre les mesures nécessaires pour surmonter les obstacles est crucial pour créer un produit qui résonne avec une large base d'utilisateurs. En augmentant la sensibilisation, en menant des recherches approfondies sur les utilisateurs, en développant diverses personnalités, en donnant la priorité à l'accessibilité et en sollicitant des commentaires réguliers, les concepteurs peuvent créer des expériences inclusives et accessibles pour tous les utilisateurs, contribuant ainsi à des produits plus performants et utilisables.

8.5 L'impact social de la conception inclusive

La conception inclusive est une approche de conception de produits, de services et d'environnements qui tient compte de la diversité des besoins, des capacités et des préférences humaines. En concevant pour un large éventail d'utilisateurs, la conception inclusive vise à avoir un impact positif sur leur vie et sur la société dans son ensemble. L'impact social de la conception inclusive peut être considéré en termes de divers aspects interconnectés, y compris l'accessibilité, la convivialité, la représentation, l'équité et le développement de la communauté.

8.5.1 Accessibilité et convivialité

L'un des principaux objectifs de la conception inclusive est de créer des produits et des expériences accessibles et utilisables par le plus grand nombre de personnes possible. Répondant aux besoins des personnes handicapées, des personnes âgées ou des personnes confrontées à des handicaps situationnels ou temporaires, la conception inclusive joue un rôle essentiel dans la suppression des obstacles à la participation et l'égalité des chances.

L'impact social de l'amélioration de l'accessibilité et de la convivialité englobe :

- **Autonomisation** : en permettant aux personnes aux capacités diverses d'accéder à l'information, aux ressources, aux services et à la technologie, la conception inclusive favorise l'autonomie personnelle et réduit la dépendance vis-à-vis des autres.
- **Inclusion** : rendre les produits, les services et les environnements plus facilement utilisables augmente la participation sociétale et favorise le sentiment d'appartenance.
- **Opportunité économique** : L'amélioration de l'accessibilité peut donner accès à des emplois, à l'éducation et à d'autres opportunités qui seraient autrement fermées aux personnes confrontées à des obstacles en raison de leur handicap.

8.5.2 Représentation et équité

La conception inclusive consiste également à garantir que divers points de vue et besoins sont pris en compte et reflétés dans le processus de conception, en promouvant une société plus équitable et plus juste. Cela comprend la prise en compte du sexe, de la race, de l'ethnicité, du milieu socio-économique et d'autres dimensions de la diversité.

L'impact social d'une représentation et d'une équité accrues comprend :

- **Équité** : la conception inclusive aide à remettre en question et à contrer les préjugés et la discrimination sociétaux, ce qui rend plus probable que les produits et services répondent aux besoins d'un plus large éventail d'utilisateurs.
- **Changement social** : en incorporant diverses voix et expériences dans les solutions de conception,

la conception inclusive peut aider à promouvoir une compréhension plus large des problèmes sociaux et culturels, stimulant ainsi le dialogue et encourageant le changement social.

- **Diversité et innovation :** L'inclusion de diverses perspectives dans le processus de conception peut conduire à des solutions plus innovantes, car les développeurs sont plus susceptibles de penser au-delà des idées et hypothèses conventionnelles.

8.5.3 Construction communautaire

Enfin, la conception inclusive contribue à la formation de communautés authentiques et solidaires en encourageant la collaboration, l'empathie et le respect mutuel. Ceci est particulièrement important dans le monde d'aujourd'hui de plus en plus interconnecté et globalisé.

Certains des impacts sociaux liés au développement communautaire sont :

- **Collaboration :** la conception inclusive encourage diverses équipes à travailler ensemble, en apportant différentes compétences, expériences et perspectives à la table, ce qui se traduit par de meilleurs résultats pour tous.
- **Empathie :** la prise en compte des besoins des différents utilisateurs favorise l'empathie et la compréhension entre des personnes d'horizons et de capacités différents.
- **Responsabilité :** La pratique du design inclusif aide les concepteurs à prendre davantage conscience de leur rôle dans le façonnement de la société et leur

inculque un sens des responsabilités pour créer des environnements plus équitables et inclusifs.

En conclusion, l'impact social de la conception inclusive est multiforme, allant au-delà des exigences d'accessibilité spécifiques. En embrassant la diversité, en promouvant l'équité et en favorisant la communauté, la conception inclusive joue un rôle essentiel dans la formation d'une société plus juste et inclusive. De plus, les avantages à long terme de la conception inclusive ne se limitent pas à des groupes d'utilisateurs spécifiques, mais se répercutent sur la société dans son ensemble, contribuant à la cohésion sociale et à une compréhension plus empathique du monde dans lequel nous vivons.

Chapitre 9: Considérations éthiques dans la conception UX - Équilibre entre technologie et humanité

En tant que concepteurs UX, notre objectif principal est de créer des expériences utilisateur attrayantes, intuitives et satisfaisantes pour les utilisateurs finaux. Nous visons à améliorer leurs interactions avec divers produits, services et systèmes. Cependant, cette responsabilité s'accompagne de l'importance d'avoir un cadre éthique qui guide la façon dont nous concevons et construisons des solutions. Dans ce chapitre, nous explorerons les considérations éthiques que les concepteurs UX doivent garder à l'esprit lorsqu'ils travaillent sur des projets, certaines conséquences potentielles de la négligence de ces considérations et comment trouver le juste équilibre entre la technologie et l'humanité.

9.1 L'importance d'une conception UX éthique

L'éthique, à la base, concerne les principes qui guident le comportement, les choix et les actions humaines. Dans le contexte de la conception UX, cela oblige les concepteurs à considérer l'impact que leur travail peut avoir sur le bien-être des utilisateurs et de la société dans son ensemble. L'époque où la conception UX pouvait être considérée comme une simple esthétique ou convivialité est révolue ; aujourd'hui, l'expérience utilisateur doit répondre à des préoccupations telles que la confidentialité des données, la dépendance à la technologie, l'accessibilité et la durabilité.

Alors que la technologie continue d'évoluer à un rythme de plus en plus rapide, il est plus important que jamais que les concepteurs soient conscients des effets d'entraînement potentiels que leurs conceptions peuvent avoir au-delà de l'expérience utilisateur immédiate. Nous devons nous assurer que les solutions que nous concevons ne sont pas seulement bonnes pour les affaires, mais aussi pour les personnes qui les utiliseront et pour le monde dans lequel nous vivons tous.

9.2 Le cadre du concepteur UX éthique

Afin de prendre des décisions éthiques dans la conception UX, il peut être utile d'adopter un cadre éthique qui peut guider votre réflexion pendant le processus de conception. Certains éléments d'un cadre UX éthique solide pourraient inclure :

1. **Empathie** : comprendre et apprécier les émotions, les besoins et les désirs des utilisateurs. Soyez un bon auditeur et développez la capacité de vous mettre à leur place lors de la conception de solutions.
2. **Transparence** : Soyez ouvert et honnête sur les intentions et les conséquences de vos décisions de conception. Soyez franc sur la façon dont les données des utilisateurs sont collectées, utilisées et protégées.
3. **Inclusivité** : concevoir des solutions qui s'adressent à des personnes d'horizons, de capacités et de préférences différents. Efforcez-vous d'offrir une accessibilité et un design pour tout le monde, pas seulement un utilisateur idéal.
4. **Durabilité** : Tenez compte de l'impact environnemental de votre conception et faites des choix conscients qui favorisent l'efficacité des ressources et réduisent les déchets.
5. **Sensibilité culturelle** : respectez les différences culturelles et les préférences de vos utilisateurs en concevant des expériences qui ne discriminent ni n'aliènent aucun groupe.
6. **Confidentialité** : Protégez les informations personnelles des utilisateurs et assurez-vous que leurs données sont utilisées de manière appropriée et sécurisée.

9.3 Défis éthiques dans la conception UX

Il existe de nombreux défis et considérations éthiques auxquels les concepteurs UX peuvent être confrontés lorsqu'ils travaillent sur des projets. Voici quelques problèmes potentiels à surveiller :

1. **Motifs sombres** : il s'agit de techniques de conception qui manipulent intentionnellement le comportement des utilisateurs, souvent au profit de l'entreprise plutôt que de l'utilisateur. Les exemples incluent les visuels trompeurs, les coûts cachés ou la difficulté à désactiver les fonctionnalités.

2. **L'économie de l'attention** : dans un monde où l'attention des utilisateurs est une denrée rare, de nombreux produits numériques sont conçus pour être aussi attrayants et addictifs que possible, souvent au détriment du bien-être ou de la productivité des utilisateurs. Cela peut entraîner des problèmes tels que la dépendance à l'écran ou la surcharge d'informations.

3. **Préjugés et discrimination** : Les préjugés des gens ressortent souvent inconsciemment, et les designers n'en sont pas à l'abri. Involontairement, nous pourrions créer des produits qui renforcent les stéréotypes sociétaux ou la discrimination, entraînant un traitement injuste ou l'exclusion de certains groupes.

4. **Confidentialité et surveillance** : à une époque de collecte de données omniprésente, les utilisateurs sont de plus en plus préoccupés par la manière dont leurs informations personnelles sont utilisées et partagées. Les concepteurs doivent intégrer des protections de la vie privée et maintenir la confiance des utilisateurs en étant transparents sur l'utilisation des données et en respectant les droits à la vie privée des utilisateurs.

9.4 Équilibre entre technologie et humanité

Pour relever ces défis éthiques et créer une expérience utilisateur plus équilibrée, les concepteurs UX doivent :

1. **Concentrez-vous sur la valeur à long terme** : plutôt que de rechercher des gains ou une attention à court terme, concentrez-vous sur la valeur à long terme que votre conception peut apporter aux utilisateurs, aux entreprises et à la société dans son ensemble.
2. **Donner la priorité au bien-être** : s'efforcer de créer des solutions qui s'intègrent dans la vie des gens d'une manière saine, respectueuse et humaine, en se concentrant sur leur bien-être plutôt que de simplement capter leur attention.
3. **Impliquez les utilisateurs dans le processus de conception** : écoutez les préoccupations des utilisateurs et intégrez leurs commentaires dans la conception pour créer des expériences plus éthiques et centrées sur l'utilisateur.
4. **Restez informé sur les questions éthiques** : tenez-vous au courant des tendances et des débats actuels en matière de conception éthique, assistez à des conférences ou à des séminaires pertinents et engagez des discussions avec vos pairs pour affiner votre réflexion éthique.
5. **Développer le courage moral** : Soyez prêt à prendre position pour des décisions éthiques, même si elles peuvent être impopulaires ou plus difficiles. Parfois, cela oblige les concepteurs à défier les parties prenantes et à défendre les principes éthiques contre les pressions du profit ou de l'opportunité.

9.5 Conclusion

L'éthique devrait être une considération cruciale dans tout processus de conception UX, d'autant plus que la technologie devient de plus en plus complexe et étroitement liée à la vie des gens. En gardant à l'esprit les principes éthiques et en adoptant une approche réfléchie et équilibrée de la conception, nous pouvons créer des expériences utilisateur qui non seulement ravissent et engagent, mais favorisent également le bien-être des utilisateurs et de la société dans son ensemble.

9.1 L'éthique de la collecte de données et la confidentialité

À l'ère du Big Data et de l'évolution rapide de la technologie, les concepteurs d'expérience utilisateur (UX) sont confrontés à une myriade de questions et de responsabilités éthiques concernant la collecte de données et la confidentialité. Lorsque les concepteurs façonnent l'expérience et les interactions au sein des produits numériques, ils exercent une influence significative sur la manière dont les données sont collectées, stockées et utilisées. Cette section se penche sur les considérations éthiques de la collecte de données et de la confidentialité, offrant des lignes directrices et des principes pour aider les concepteurs UX à naviguer dans ces problèmes complexes.

L'importance croissante de l'éthique des données dans la conception UX

Les données des utilisateurs sont extrêmement précieuses pour les entreprises et les organisations, car elles aident à informer et à améliorer les produits et services, à orienter les stratégies marketing et à orienter la prise de décision globale. Cependant, alors que le monde devient de plus en plus conscient des violations de données, de l'invasion de la vie privée et de l'utilisation abusive des informations personnelles, les préoccupations éthiques entourant la collecte de données et la confidentialité ont considérablement augmenté.

En tant que concepteurs UX, il est crucial d'intégrer des considérations éthiques et la confidentialité des données à chaque étape du processus de conception, en trouvant un équilibre entre les besoins des utilisateurs, les objectifs commerciaux et l'utilisation responsable des données. Reconnaître le pouvoir des données et donner la priorité à la confidentialité réduira non seulement le risque de préjudice involontaire, mais peut également renforcer la confiance dans les produits et services.

Considérations éthiques clés dans la collecte de données et la confidentialité

1. Transparence et consentement

Les utilisateurs doivent comprendre et accepter explicitement les données collectées à leur sujet, comment elles seront utilisées et avec qui elles peuvent être partagées. Les concepteurs UX peuvent favoriser la transparence et le consentement en :

- Fournir des politiques de confidentialité et des formulaires de consentement clairs et concis.
- Utiliser un langage facile à comprendre pour décrire les pratiques en matière de données.
- Offrir des options d'acceptation et de désactivation pour la collecte et le partage de données.
- Informer les utilisateurs de tout changement apporté aux politiques ou pratiques en matière de données.
- Concevoir des interfaces utilisateur permettant aux utilisateurs de gérer facilement leurs paramètres de confidentialité.

2. Minimisation des données

Ne collectez que les données nécessaires à la réalisation de l'objectif visé et évitez de les stocker plus longtemps que nécessaire. Les concepteurs UX peuvent prendre en charge la minimisation des données en :

- Identifier et documenter l'objectif spécifique de chaque point de collecte de données.
- Examiner et évaluer régulièrement les pratiques de collecte de données pour s'assurer qu'elles demeurent pertinentes et nécessaires.

- Proposer des outils conviviaux permettant aux utilisateurs de gérer leurs données et de supprimer leurs comptes s'ils le souhaitent.

3. Sécurité et protection

Assurez-vous que les données des utilisateurs sont stockées et transmises en toute sécurité pour empêcher tout accès non autorisé, mauvaise utilisation ou perte. Les concepteurs UX peuvent aider à protéger les données des utilisateurs en :

- Collaborer avec les développeurs et les professionnels de la sécurité pour mettre en œuvre les meilleures pratiques, telles que le cryptage et les contrôles d'accès.
- Encourager des politiques de mot de passe fortes et offrir des options d'authentification multi-facteurs.
- Concevoir des messages d'erreur et des alertes clairs et informatifs liés aux risques de sécurité potentiels.

4. Équité et non-discrimination

Évitez d'utiliser les données de manière à perpétuer ou à promouvoir les stéréotypes, les préjugés ou la discrimination. Les concepteurs UX peuvent contribuer à l'équité et à la non-discrimination en :

- Recherche active de diverses contributions d'utilisateurs lors de la recherche, des tests d'utilisabilité et des processus de rétroaction.
- Tenir compte des impacts potentiels des décisions de conception sur les différents groupes d'utilisateurs et apporter des ajustements en conséquence.

- Plaider pour une utilisation responsable et équitable des données au sein des organisations et des équipes.

5. Responsabilité et gouvernance

Assurez-vous que les organisations et les équipes sont tenues responsables de leurs pratiques en matière de données et qu'elles disposent de systèmes pour gérer, surveiller et résoudre les problèmes liés aux données. Les concepteurs UX peuvent promouvoir la responsabilité et la gouvernance en :

- Établir des processus de gérance et de gouvernance des données au sein de leurs organisations.
- Participer à des conversations et à des initiatives à l'échelle de l'industrie axées sur l'éthique et la confidentialité des données.
- Plaidoyer pour des pratiques de données éthiques et responsables en tant que parties intégrantes d'une bonne UX.

Dernières pensées

L'éthique de la collecte de données et de la confidentialité est à la fois large et nuancée, avec d'innombrables facteurs à prendre en compte dans le processus de conception. Alors que la sensibilisation et les préoccupations concernant ces problèmes continuent de croître, les concepteurs UX ont la responsabilité d'agir en tant que champions des pratiques éthiques en matière de données. En intégrant des considérations éthiques à chaque étape du processus de conception, les designers peuvent contribuer à un avenir où la technologie sera plus transparente, responsable et respectueuse de la vie privée des individus.

9.2 Conception pour le bien-être et la santé mentale des utilisateurs

À l'ère de la technologie omniprésente, la conception pour le bien-être et la santé mentale des utilisateurs est passée au premier plan des conversations autour de la conception UX. Les produits et services numériques ont le pouvoir de façonner non seulement la façon dont nous interagissons avec le monde, mais aussi notre état mental interne. En tant que concepteurs UX, il ne suffit pas de se concentrer uniquement sur la convivialité et la fonctionnalité. Nous devons également prioriser le bien-être et la santé mentale des utilisateurs dans le processus de conception. Dans cette section, nous explorerons les principes et directives clés pour créer des expériences de conception centrées sur l'humain qui contribuent au bien-être général des utilisateurs.

Pourquoi est-il important de concevoir pour le bien-être ?

La recherche montre que l'exposition quotidienne aux technologies numériques - en particulier celles intégrées aux plateformes de médias sociaux - peut avoir des effets néfastes sur la santé mentale, notamment un risque accru d'anxiété, de dépression et de sentiment de solitude. En tant que designers UX, il est de notre responsabilité de créer des expériences qui favorisent les interactions positives et en conséquence directe, contribuent au bonheur et au bien-être des utilisateurs.

Lorsque nous accordons la priorité à la conception pour le bien-être, nous pouvons créer des produits et des services qui :

- Sont respectueux du temps et de l'énergie des utilisateurs
- Améliorer les états émotionnels et mentaux
- Encourager les relations et les connexions positives
- Permettre aux utilisateurs d'atteindre des objectifs significatifs et de s'améliorer
- Promouvoir un équilibre plus sain entre les activités en ligne et hors ligne

Afin de créer des expériences qui abordent avec succès ces aspects, il est essentiel d'intégrer des considérations de bien-être tout au long du processus de conception.

Principes et lignes directrices pour concevoir pour le bien-être

Concevoir en gardant à l'esprit le bien-être des utilisateurs implique de changer la perspective de la conception UX de la simple satisfaction des besoins fonctionnels à la promotion d'un sens du but, de la connexion et de la signification. Vous trouverez ci-dessous quelques-uns des principes directeurs et des directives pratiques pour intégrer le bien-être des utilisateurs dans la conception UX :

1. **Empathie et compréhension** : Commencez par chercher à comprendre en profondeur les émotions, les motivations et les points douloureux des utilisateurs. Utilisez différentes méthodes de recherche, telles que des entretiens, des enquêtes et des tests d'utilisateurs pour mieux comprendre le bien-être et l'état mental des utilisateurs. Essayez de comprendre les causes et les effets des émotions qu'ils ressentent lorsqu'ils interagissent avec la technologie.

2. **Promouvoir les interactions positives** : Encouragez les utilisateurs à s'engager dans des activités positives et enrichissantes qui améliorent leur bien-être. Concevoir des fonctionnalités qui facilitent une communication significative, favorisent des communautés de soutien et offrent des opportunités de croissance personnelle et d'auto-amélioration.

3. **Respectez l'attention et le temps** : Concevez des interfaces qui minimisent la charge cognitive et respectent le temps et l'attention des utilisateurs. Viser à fournir un équilibre entre la fourniture d'informations pertinentes et les tâches exigeant de l'attention. Évitez de bombarder les utilisateurs de notifications perturbatrices et donnez-leur des options pour contrôler la fréquence et le type d'alertes.

4. **Transparence et contrôle** : permet aux utilisateurs de contrôler leurs interactions numériques et leurs paramètres de confidentialité. Facilitez-leur la compréhension de la manière dont leurs données personnelles sont utilisées ou partagées avec d'autres. Donnez-leur les moyens de prendre des

décisions éclairées en fournissant des informations claires, précises et facilement accessibles.

5. **Encouragez le temps hors écran** : aidez les utilisateurs à trouver un équilibre entre leur vie numérique et non numérique. Concevez des fonctionnalités qui encouragent les utilisateurs à faire des pauses, à se désengager des écrans et à s'engager dans des activités hors ligne, comme passer du temps avec leurs proches, poursuivre des loisirs ou profiter du plein air.

6. **Conception inclusive** : tenez compte des divers besoins et états d'esprit des utilisateurs. Concevez des expériences facilement accessibles, compréhensibles et utilisables par des personnes aux capacités et aux origines culturelles variées.

La mise en œuvre de ces lignes directrices pourrait impliquer l'utilisation de théories psychologiques telles que la hiérarchie des besoins de Maslow, la théorie de l'autodétermination et la recherche en psychologie positive, pour soutenir le bien-être et la satisfaction des utilisateurs.

Exemples de conception pour le bien-être et la santé mentale des utilisateurs

Voici quelques exemples de la façon dont les produits numériques ont abordé le bien-être dans leur conception :

● **Fonctionnalité "Vous êtes tous rattrapés" d'Instagram** : cette notification informe les utilisateurs lorsqu'ils ont vu tous les nouveaux messages des deux derniers jours, les encourageant à se désengager du défilement sans fin et à passer du temps à faire autre chose.

- **Gestion du temps d'écran d'Apple** : iOS et macOS d'Apple fournissent des fonctionnalités pour aider les utilisateurs à suivre et à gérer leur temps d'écran, à définir des limites d'utilisation des applications et à établir une routine numérique à l'heure du coucher.
- **Headspace** : Cette application de pleine conscience vise à aider les utilisateurs à développer une pratique quotidienne de méditation, favorisant la relaxation et le bien-être grâce à un contenu et des expériences utilisateur soigneusement conçus.
- **Duolingo** : Cette application d'apprentissage des langues encourage les utilisateurs à s'engager dans de courtes séances d'entraînement quotidiennes pour apprendre efficacement une nouvelle langue, favorisant un sentiment de croissance personnelle et d'accomplissement.

Préparer l'avenir : conception éthique et UX personnalisée

À mesure que la technologie continue d'évoluer, la reconnaissance et la priorisation de l'importance de la conception pour le bien-être et la santé mentale des utilisateurs ne feront que gagner en importance. Les designers doivent adopter une approche éthique de leur travail, en tenant compte non seulement de l'impact immédiat mais aussi des implications à long terme des expériences numériques qu'ils créent.

À l'avenir, la conception UX pourrait devenir de plus en plus personnalisée, adaptant les expériences aux utilisateurs individuels en fonction de leurs états émotionnels et mentaux uniques. Les progrès de l'intelligence artificielle et de l'apprentissage automatique peuvent permettre aux produits numériques de reconnaître et de s'adapter à l'état émotionnel d'un utilisateur, favorisant ainsi des expériences plus empathiques et plus compréhensives qui donnent la priorité au bien-être.

En conclusion, concevoir pour le bien-être et la santé mentale des utilisateurs nécessite un changement de perspective et d'approche de la conception UX. En intégrant des considérations de bien-être tout au long du processus de conception, nous pouvons créer des expériences numériques significatives et stimulantes qui contribuent au bonheur et à la satisfaction globale des utilisateurs. Avec de l'empathie, de la compréhension et des considérations éthiques, nous pouvons ouvrir la voie à un avenir dans lequel la technologie soutient, plutôt qu'elle n'entrave, la poursuite par les utilisateurs d'une vie équilibrée et saine.

9.3 Le rôle des concepteurs UX dans la prise de décision éthique

Dans le monde hautement connecté et en évolution rapide d'aujourd'hui, les concepteurs d'expérience utilisateur (UX) jouent un rôle essentiel en s'assurant que la technologie est conçue et mise en œuvre de manière conviviale, efficace et éthiquement responsable. La technologie évolue à un rythme si rapide qu'il est plus important que jamais de tenir compte de l'éthique dans la conception UX. Les concepteurs UX ont le pouvoir d'influencer le bien-être émotionnel, psychologique et physique des utilisateurs finaux des produits et services par le biais de leurs décisions de conception. Dans ce chapitre, nous explorerons le rôle des concepteurs UX dans la prise de décision éthique, pourquoi il est crucial d'intégrer des considérations éthiques dans la conception UX et comment les concepteurs UX peuvent naviguer dans les dilemmes éthiques et prendre des décisions éclairées qui profitent à la fois aux utilisateurs et à l'entreprise.

9.3.1 L'importance de l'éthique dans la conception UX

Le domaine de la conception UX a parcouru un long chemin depuis ses débuts, mais une constante qui demeure est la nécessité d'une prise de décision éthique. L'éthique joue un rôle essentiel dans la conception UX car elle permet de garantir que la technologie sert positivement ses utilisateurs prévus, améliore leur vie et respecte leurs droits et leur autonomie. Il devient de plus en plus évident que la technologie peut être à la fois bénéfique et préjudiciable, selon les décisions éthiques prises par ses concepteurs et ses exécutants. Certaines conséquences potentielles de décisions de conception contraires à l'éthique peuvent inclure :

- Pratiques commerciales d'exploitation : cela peut se produire lorsque la technologie est intentionnellement conçue pour manipuler ou tromper les utilisateurs afin qu'ils se séparent de leur argent ou de leurs informations personnelles.

● Atteinte à la vie privée : une technologie qui collecte plus d'informations sur les utilisateurs que nécessaire ou qui les utilise de manière contraire à l'éthique peut entraîner une violation de la vie privée.

● Préjudice mental et physique : une mauvaise conception de l'expérience utilisateur peut entraîner involontairement des conséquences émotionnelles ou physiques négatives pour les utilisateurs, telles que la dépendance, l'anxiété ou la fatigue oculaire.

En tenant compte de l'éthique dans la conception UX, les concepteurs peuvent travailler pour atténuer les résultats négatifs potentiels et créer des produits centrés sur l'utilisateur qui répondent mieux aux besoins et au bien-être des utilisateurs.

9.3.2 Responsabilités éthiques des concepteurs UX

Les concepteurs UX ont de multiples responsabilités éthiques lorsqu'ils prennent des décisions de conception. Certains d'entre eux incluent:

1. Défense des utilisateurs : les concepteurs UX ont la responsabilité de défendre les besoins des utilisateurs et de protéger leurs intérêts tout au long du processus de conception. Cela signifie non seulement comprendre les besoins et les préférences des utilisateurs, mais également prendre en compte les conséquences négatives potentielles des décisions de conception sur leur vie.

2. Honnêteté et transparence : les concepteurs UX doivent s'efforcer d'être honnêtes dans leur communication avec les utilisateurs et les clients et transparents sur les motifs et les conséquences potentielles de leurs décisions de conception.

3. Confidentialité et sécurité des données : les concepteurs UX doivent s'assurer que les informations personnelles des utilisateurs sont collectées, stockées et utilisées de manière responsable et sécurisée dans les produits et services qu'ils conçoivent.

4. Inclusivité et accessibilité : les concepteurs UX ont la responsabilité de créer des conceptions accessibles et utilisables par des personnes de toutes capacités et de tous horizons.

5. Apprentissage continu : les concepteurs UX doivent s'engager à rester informés des questions éthiques dans leur domaine et être au courant de toute nouvelle tendance ou évolution.

9.3.3 Naviguer dans les dilemmes éthiques dans la conception UX

Malgré les meilleures intentions d'un UX Designer, il est inévitable qu'il rencontre des dilemmes éthiques tout au long de sa carrière. Voici quelques conseils pour naviguer dans ces situations :

1. Réfléchissez à vos propres valeurs : Tenez compte de vos valeurs personnelles et de la façon dont elles s'alignent sur les décisions de conception UX que vous prenez. Déterminez quelles valeurs sont les plus importantes pour vous et assurez-vous que vos décisions de conception s'alignent sur elles.

2. Recherchez des conseils externes : contactez des collègues ou des mentors dans votre domaine, consultez des cadres éthiques ou demandez conseil à des organisations externes spécialisées dans la prise de décision éthique.

3. Évaluez les conséquences : tenez compte des conséquences à court et à long terme de vos décisions de conception sur les utilisateurs et les autres parties prenantes. Pesez le pour et le contre et tenez compte de tout préjudice potentiel pouvant découler de vos décisions.

4. Collaborez avec d'autres : incluez d'autres membres de l'équipe, tels que des développeurs, des chefs de produit et des spécialistes des données, dans votre prise de décision éthique. Leurs points de vue peuvent offrir des informations précieuses et aider à garantir que tous les aspects de la question sont pris en compte.

5. Documentez vos décisions : en créant un enregistrement de votre processus de prise de décision éthique, vous contribuez non seulement à assurer la transparence, mais vous facilitez également l'apprentissage au sein de votre organisation.

9.3.4 Approches pratiques pour intégrer l'éthique dans la conception UX

Voici quelques stratégies pratiques que les concepteurs UX peuvent utiliser lorsqu'ils intègrent des considérations éthiques dans leur processus de conception :

1. Effectuez un audit éthique : évaluez les pratiques actuelles et les décisions de conception dans votre organisation ou votre projet pour les problèmes éthiques potentiels. Identifiez les domaines à améliorer et planifiez des stratégies pour y remédier.
2. Mettre en œuvre des cadres et des directives éthiques : utilisez des cadres éthiques établis, tels que le manifeste de conception éthique du Center for Humane Technology ou le code de déontologie de l'ACM, pour guider les décisions de conception et aider à résoudre les dilemmes éthiques complexes.
3. Développer l'empathie : renforcez vos compétences empathiques, ce qui vous permet de mieux comprendre et apprécier les besoins et les préoccupations des utilisateurs, des collègues et des autres parties prenantes.
4. Formation éthique : Restez informé sur les questions éthiques dans la conception UX en participant à des cours, des ateliers ou des conférences centrés sur l'éthique dans l'industrie technologique.
5. Établissez des canaux de communication : Établissez des canaux de communication ouverte et de signalement des préoccupations éthiques au sein de votre équipe et de votre organisation.

En fin de compte, les concepteurs UX jouent un rôle essentiel en veillant à ce que la technologie soit conçue et mise en œuvre de manière éthique. En reconnaissant et en assumant leurs responsabilités éthiques, les concepteurs UX sont prêts à créer des produits et services centrés sur l'utilisateur qui profitent aux utilisateurs, aux entreprises et à la société dans son ensemble.

9.4 Défense des droits et de la confiance des utilisateurs

En tant que concepteur UX, il est essentiel de comprendre que les utilisateurs doivent être la principale priorité lors de la création d'expériences numériques. Cela signifie que, même si la création de belles interfaces et d'interactions fluides est cruciale, il est primordial de défendre les droits des utilisateurs, la confidentialité et la confiance. Dans cette section, nous explorerons l'importance des droits et de la confiance des utilisateurs, les considérations éthiques dans la conception UX et les étapes pratiques pour maintenir ces valeurs fondamentales tout au long du processus de conception.

Importance des droits et de la confiance des utilisateurs

Les droits des utilisateurs font généralement référence aux droits et aux protections dont bénéficient les utilisateurs lorsqu'ils accèdent aux technologies numériques ou les utilisent. La confiance, quant à elle, est liée à la crédibilité, à la fiabilité et à la sécurité perçues des utilisateurs dans les expériences numériques.

Une combinaison de droits d'utilisateur et de confiance est essentielle dans la conception UX pour plusieurs raisons :

1. Intégrité et responsabilité

Le respect des droits et de la confiance des utilisateurs démontre votre engagement en tant que concepteur UX envers les pratiques éthiques et les valeurs centrées sur l'utilisateur dans l'espace numérique.

2. Rétention et croissance des utilisateurs

Les utilisateurs sont plus susceptibles de continuer à utiliser un produit ou un service et d'en devenir les défenseurs lorsqu'ils font confiance à l'entreprise et pensent que leurs droits sont respectés.

3. Conformité réglementaire

Le respect des directives relatives aux droits des utilisateurs et l'intégration de fonctionnalités de renforcement de la confiance peuvent aider les entreprises à respecter les exigences légales, telles que les lois sur la protection des données et les directives d'accessibilité, réduisant ainsi le risque d'amendes et d'atteinte à la réputation.

Considérations éthiques dans la conception UX

Pour défendre les droits et la confiance des utilisateurs, il est crucial de reconnaître les dilemmes éthiques dans la conception UX. Voici quelques considérations éthiques clés :

1. Consentement et transparence

Assurez-vous d'obtenir le consentement de l'utilisateur avant de collecter, traiter ou partager ses données. Soyez transparent sur vos pratiques et vos intentions, et permettez aux utilisateurs de faire des choix éclairés.

2. Confidentialité et protection des données

Assurez-vous que les mesures de sécurité nécessaires sont en place pour protéger les données des utilisateurs contre tout accès non autorisé et que les utilisateurs peuvent facilement gérer leurs paramètres de confidentialité. Respectez toujours les lois et réglementations en matière de confidentialité.

3. Conception inclusive

Concevez des expériences numériques qui s'adressent à divers publics, en tenant compte de facteurs tels que l'âge, le sexe, l'origine ethnique, la langue, les capacités cognitives et les capacités physiques. La conception inclusive aide à respecter les droits des utilisateurs en garantissant un accès égal.

4. Accessibilité

Comprendre les directives d'accessibilité et créer des expériences qui peuvent être utilisées par les personnes handicapées ou limitées. Adhérer aux directives d'accessibilité n'est pas seulement éthique mais aussi une obligation légale dans de nombreuses juridictions.

5. Éviter les motifs sombres

Les modèles sombres font référence à des pratiques de conception UX manipulatrices qui exploitent les vulnérabilités des utilisateurs, poussent les utilisateurs vers certains choix ou rendent difficile le contrôle des données des utilisateurs. Évitez de telles pratiques pour préserver les droits et la confiance des utilisateurs.

Étapes pratiques pour défendre les droits et la confiance des utilisateurs

Ci-dessous, nous présentons quelques étapes pratiques pour intégrer les droits des utilisateurs et la confiance dans votre processus de conception UX :

1. Développer un manifeste des droits des utilisateurs

La création d'un manifeste des droits des utilisateurs pour votre équipe ou votre organisation peut aider à établir une compréhension commune des valeurs et de l'éthique. Éduquer les membres de l'équipe sur les directives éthiques, les lois et les réglementations pour assurer la conformité et la prise de décision éclairée.

2. Mener un audit éthique

Examinez les expériences numériques existantes pour détecter d'éventuels problèmes éthiques ou pratiques douteuses, et créez un plan pour y remédier. Cela comprend la révision des paramètres de confidentialité, des mécanismes de consentement et de l'accessibilité.

3. Intégrer l'éthique et la confiance dans la recherche d'utilisateurs

Incluez des utilisateurs d'horizons divers dans votre recherche d'utilisateurs pour vous assurer que leurs points de vue sont pris en compte dans le processus de conception. Explorez également les attentes des utilisateurs en matière de confiance et de confidentialité, et utilisez ces informations pour améliorer votre conception.

4. Conception pour la transparence et le contrôle

Fournir aux utilisateurs des informations claires et concises sur les pratiques de collecte, de traitement et de partage des données. Développez des interfaces qui permettent aux utilisateurs de gérer facilement leurs paramètres de confidentialité, leurs données et leur consentement.

5. Encouragez la prise de décision éthique

Promouvoir une culture de prise de décision éthique au sein de votre équipe et de votre organisation. Encouragez les discussions sur les implications éthiques, les risques et les opportunités liés aux décisions de conception UX.

6. Itérer et améliorer

Évaluez régulièrement vos expériences numériques pour identifier les domaines à améliorer et les problèmes éthiques potentiels. Restez ouvert aux commentaires et aux critiques, et utilisez ces informations pour renforcer la confiance des utilisateurs et faire respecter leurs droits.

En conclusion, favoriser les droits et la confiance des utilisateurs est une responsabilité essentielle d'un concepteur UX. En intégrant des directives éthiques, la transparence et des principes de conception inclusifs tout au long du processus de conception, vous pouvez contribuer à garantir des expériences centrées sur l'utilisateur qui respectent les droits et les attentes de tous les utilisateurs.

9.5 L'avenir des pratiques de conception éthiques

Le monde du design évolue constamment, apportant de nouveaux défis qui ont un impact direct sur nos expériences sociales et culturelles. À une époque où la confidentialité des données des utilisateurs et les considérations éthiques sont plus critiques que jamais, les pratiques de conception éthiques ne sont plus complémentaires mais un aspect essentiel du processus de conception UX. Dans cette section, nous examinerons les tendances émergentes dans les pratiques de conception éthiques et ferons la lumière sur ce que l'avenir pourrait réserver aux concepteurs engagés dans le respect des normes éthiques.

9.5.1 Conception responsable par le biais de principes éthiques

Bien que la conception éthique soit subjective, certains principes servent de base à la création de conceptions responsables et éthiques. Ces valeurs devraient guider les concepteurs pour façonner l'avenir des pratiques de conception éthiques :

1. **Respect de la vie privée des utilisateurs** : les concepteurs doivent prendre au sérieux la confidentialité des utilisateurs en minimisant les données, en communiquant clairement l'utilisation des données et en permettant aux utilisateurs de contrôler le partage des informations personnelles.

2. **Inclusivité et diversité** : les conceptions doivent s'adresser à un public plus large, en tenant compte de la diversité de la culture, des capacités, du sexe, de l'âge et d'autres facteurs. Lutter contre les préjugés au cours du processus de conception aidera à créer des produits et services plus inclusifs.

3. **Accessibilité** : Garantir l'égalité d'accès et d'opportunités pour les personnes handicapées est crucial dans la conception éthique. Les concepteurs doivent suivre les directives d'accessibilité et tenir compte des différentes capacités et besoins d'accessibilité.

4. **Durabilité** : Les conceptions éthiques se concentrent sur les impacts à long terme et les considérations environnementales, promouvant des pratiques durables en minimisant les déchets et la consommation d'énergie.

9.5.2 La démocratisation du design

La démocratisation du design est un élément essentiel de l'avenir des pratiques de design éthiques. Le processus de conception doit être encouragé à inclure diverses perspectives, permettant à des personnes d'horizons et d'expertises variés de participer au processus de conception. Cela contribuera à garantir que les produits et services reflètent les besoins et les valeurs d'une base d'utilisateurs plus large, permettant des résultats plus responsables et éthiques.

À l'avenir, nous pourrions voir des outils et des techniques de conception plus conviviaux qui simplifient le processus de conception tout en gardant les pratiques de conception éthiques au premier plan. Cette démocratisation du design permettra à davantage de personnes de contribuer au processus de conception et de créer des produits éthiquement sains.

9.5.3 IA et apprentissage automatique dans la conception éthique

L'intelligence artificielle et l'apprentissage automatique jouent un rôle de plus en plus important dans le façonnement du paysage de la conception UX. Cependant, cette avancée n'est pas sans défis éthiques. Les biais dans les données, la discrimination algorithmique et le potentiel d'utilisation abusive des informations personnelles ont donné lieu à des débats sur les pratiques éthiques en IA.

Nous pouvons nous attendre à ce que l'avenir des pratiques de conception éthique implique une collaboration accrue entre les développeurs d'IA et les concepteurs UX pour assurer le développement responsable de solutions basées sur l'IA. Cela impliquera d'apprendre à partir des données historiques et de s'assurer que les systèmes d'IA respectent la vie privée des utilisateurs et fonctionnent avec un minimum de biais.

9.5.4 Accent accru sur la confidentialité et la sécurité des données

Avec une législation plus stricte sur la confidentialité des données mise en œuvre dans le monde entier, comme le RGPD, les concepteurs sont désormais responsables de la conception de produits qui non seulement respectent ces lois, mais démontrent également un engagement envers les principes de conception éthiques. À l'avenir, les concepteurs devront comprendre et respecter ces réglementations lorsqu'ils travailleront sur des projets de conception UX.

Au-delà de la conformité, les concepteurs reconnaîtront de plus en plus l'importance d'intégrer la confidentialité et la sécurité dans le processus de conception. Les pratiques de conception éthiques mettront l'accent sur la confidentialité des données dès la conception, donnant aux utilisateurs plus de contrôle sur leurs informations personnelles et prônant la transparence dans la collecte et l'utilisation des données.

9.5.5 Former les designers aux pratiques éthiques

L'avenir des pratiques de conception éthiques dépend fortement de l'éducation et de la formation des designers. Alors que les considérations éthiques deviennent ancrées dans le processus de conception, des cours et des ateliers axés sur l'éthique seront essentiels pour éduquer les concepteurs sur les meilleures pratiques et la conception responsable.

De plus, il est tout aussi important pour les concepteurs d'être proactifs dans leur approche pour en savoir plus sur les pratiques éthiques - en assistant à des cours, des ateliers, en collaborant avec des experts dans le domaine et en se tenant au courant des nouvelles recherches et ressources.

9.5.6 Réflexions finales

L'avenir des pratiques de conception éthique implique une approche à multiples facettes qui tient compte non seulement des besoins des utilisateurs, mais aussi des implications sociales et environnementales plus larges. Les concepteurs et les organisations doivent s'engager à respecter ces valeurs éthiques dans leur processus de conception afin d'avoir des impacts significatifs et positifs sur la société. Favoriser une culture d'empathie, de responsabilité et de transparence sera la clé de l'avenir des pratiques de conception éthiques.

Chapitre 10 : La prochaine frontière : prédictions et possibilités pour la conception UX

Alors que la technologie continue d'évoluer à un rythme sans précédent, le domaine de la conception UX devrait connaître des développements révolutionnaires dans les années à venir. Dans ce chapitre, nous explorerons certaines de ces prédictions, tout en examinant les possibles possibilités qui pourraient redéfinir la pratique de la conception UX telle que nous la connaissons aujourd'hui.

En comprenant ces évolutions potentielles, les concepteurs UX peuvent mieux se préparer pour l'avenir et exploiter la puissance de la technologie pour créer des expériences qui dépassent les attentes.

L'essor de l'intelligence artificielle dans la conception UX

L'un des développements les plus significatifs dans le domaine de la conception UX est l'essor de l'intelligence artificielle (IA) et de ses diverses applications. Les algorithmes d'apprentissage automatique et les systèmes d'IA peuvent améliorer la conception UX en automatisant les tâches, en personnalisant les expériences utilisateur, en identifiant les modèles et les tendances et en prédisant le comportement des utilisateurs.

À mesure que l'IA devient plus sophistiquée, les concepteurs UX peuvent tirer parti de la technologie pour créer des interfaces plus intuitives, automatiser les tâches redondantes et apprendre en permanence des interactions des utilisateurs pour optimiser les conceptions au fil du temps. Cela permettra aux concepteurs de développer des expériences utilisateur plus adaptées et personnalisées que jamais, améliorant considérablement l'engagement et la satisfaction des utilisateurs.

Interface utilisateur vocale (VUI) et interface utilisateur conversationnelle

Une autre tendance émergente est la prévalence des interfaces utilisateur vocales (VUI) et de l'interface utilisateur conversationnelle. Alors que de plus en plus d'utilisateurs adoptent des appareils à commande vocale comme Amazon Echo et Google Home, il y a eu une demande accrue d'expériences utilisateur qui peuvent s'intégrer de manière transparente à ces nouvelles technologies. Ce passage d'une interface visuelle à une interface centrée sur la voix obligera les concepteurs UX à repenser l'expérience utilisateur en termes de conversation, de sémantique et de traitement du langage naturel.

En concevant pour les VUI, les concepteurs UX peuvent créer des expériences plus accessibles pour les utilisateurs qui peuvent avoir des difficultés avec les interfaces visuelles traditionnelles, comme ceux qui ont une déficience visuelle ou qui préfèrent simplement la commodité des commandes vocales. Cela ouvre également de nouvelles possibilités pour les interfaces multimodales, combinant voix, visuels et retour haptique pour créer des expériences plus engageantes et immersives.

Réalité virtuelle et augmentée

Avec les progrès des technologies de réalité virtuelle (VR) et de réalité augmentée (AR), les concepteurs UX devront adapter leurs compétences et leurs méthodes pour créer des expériences immersives dans ces nouveaux environnements. Les frontières entre les mondes physique et numérique deviennent de plus en plus floues et, par conséquent, la conception UX devra tenir compte de la navigation spatiale, de l'interaction intuitive et des considérations de confort et de sécurité de l'utilisateur.

Le développement de conceptions UX pour les applications VR et AR nécessitera un nouvel ensemble de compétences et d'outils, ainsi qu'une compréhension approfondie de la perception humaine et de la psychologie. Les concepteurs UX devront travailler en étroite collaboration avec les développeurs et d'autres disciplines pour créer des expériences cohésives et cohérentes qui repoussent les limites de la technologie actuelle tout en donnant la priorité à l'engagement et à la satisfaction des utilisateurs.

L'éthique du design UX : design responsable et inclusif

Comme la conception UX joue un rôle plus important dans la façon dont nous interagissons avec la technologie, il devient crucial de prendre en compte les implications éthiques des décisions de conception. L'inclusivité et l'accessibilité doivent être au premier plan de la conception UX, garantissant que les produits et services s'adressent aux utilisateurs de tous horizons et capacités.

De plus, les concepteurs UX doivent être conscients de la conception de produits qui n'exploitent pas la confiance des utilisateurs ou ne manipulent pas le comportement de manière contraire à l'éthique. Le respect des directives éthiques et des principes de conception aidera les concepteurs à créer des expériences qui améliorent véritablement la vie des utilisateurs et contribuent au bien-être général de la société.

L'importance croissante de la conception émotionnellement intelligente

À mesure que l'IA et l'automatisation deviennent plus répandues, la conception UX devra se concentrer sur les aspects qui nous rendent uniquement humains, tels que nos émotions et nos liens sociaux. En développant des expériences qui se connectent avec les utilisateurs à un niveau émotionnel plus profond, les concepteurs UX peuvent créer des produits qui favorisent des relations significatives et favorisent la satisfaction des utilisateurs.

La conception émotionnellement intelligente peut impliquer de comprendre les nuances des expériences émotionnelles des utilisateurs, d'utiliser des stratégies de conception empathiques ou même d'inclure des analyses émotionnelles qui mesurent les réactions des utilisateurs et adaptent les interfaces en conséquence. En donnant la priorité à l'intelligence émotionnelle dans la conception UX, les concepteurs peuvent créer des liens plus significatifs entre les utilisateurs et la technologie.

Évolution et apprentissage continus

Le domaine de la conception UX continuera sans aucun doute à évoluer rapidement, avec de nouvelles technologies et tendances qui émergent constamment. Pour rester pertinents et performants, les concepteurs UX doivent s'engager dans un apprentissage et une croissance continus.

Cela peut impliquer de rester informé des derniers développements de l'industrie, d'expérimenter de nouveaux outils et techniques et de travailler en collaboration avec les parties prenantes pour repousser les limites de ce qui est possible dans la conception UX. En adoptant le changement et en cultivant un état d'esprit de croissance, les concepteurs UX peuvent façonner l'avenir de l'industrie et créer des expériences qui forgent de nouveaux horizons dans la technologie et l'interaction humaine.

En conclusion, l'avenir de la conception UX promet de nouvelles possibilités et de nouveaux défis passionnants. En restant informés de ces tendances émergentes, en adoptant les nouvelles technologies, en donnant la priorité aux pratiques de conception éthiques et inclusives et en développant des expériences émotionnellement intelligentes, les concepteurs UX peuvent façonner l'avenir et montrer la voie en créant des expériences utilisateur transformatrices et engageantes qui résistent à l'épreuve du temps.

10.1 L'impact de l'intelligence artificielle sur la conception UX

À mesure que la technologie évolue, le paysage de la conception UX évolue également. Parmi les nombreuses avancées technologiques qui ont influencé ce domaine, l'intelligence artificielle (IA) est à l'avant-garde. L'IA est sur le point d'avoir un impact significatif sur la façon dont nous concevons et développons des produits et services numériques, ce qui finira par remodeler les expériences des utilisateurs. Dans ce chapitre, nous discuterons des différentes façons dont l'IA transforme la conception UX et comment les concepteurs peuvent tirer parti des technologies de l'IA pour créer des expériences plus agréables et personnalisées pour les utilisateurs.

10.1.1 Personnalisation basée sur l'IA

L'un des principaux domaines où l'IA influence la conception UX est la personnalisation. Les algorithmes d'IA utilisent l'apprentissage automatique et l'analyse des données pour apprendre et prédire les préférences des utilisateurs en fonction du comportement et des données démographiques des utilisateurs. En conséquence, les concepteurs peuvent créer des produits, des services et des interfaces numériques adaptés aux utilisateurs individuels ou aux segments d'utilisateurs, offrant une expérience plus personnalisée et plus agréable.

Par exemple, la personnalisation basée sur l'IA peut être observée dans des applications telles que Spotify, Netflix et Amazon, où les recommandations personnalisées sont basées sur les préférences et les comportements individuels des utilisateurs. Les interfaces et le contenu personnalisés peuvent entraîner un engagement et une satisfaction accrus des utilisateurs, car les utilisateurs se voient présenter un contenu plus pertinent et adapté à leurs préférences.

10.1.2 Interfaces conversationnelles

Avec l'avènement des assistants vocaux alimentés par l'IA comme Siri, Alexa et Google Assistant, les interfaces conversationnelles sont devenues de plus en plus populaires. Ces plates-formes permettent aux utilisateurs d'interagir avec des produits et services numériques en utilisant le langage naturel, offrant une expérience utilisateur plus intuitive et efficace.

Les concepteurs doivent tenir compte de l'adoption accrue des interactions vocales et considérer comment cela modifie le processus de conception. Par exemple, la conception d'interactions vocales nécessite une compréhension plus approfondie du traitement du langage naturel et des flux de conversation, et la prise en compte de facteurs tels que l'accent, le dialecte et le contexte.

De plus, l'essor des chatbots alimentés par l'IA offre de nouvelles opportunités pour la conception UX dans des domaines tels que le support client, la récupération d'informations et les opérations commerciales. Les chatbots peuvent fournir une assistance instantanée et personnalisée aux utilisateurs, réduisant ainsi le besoin d'intervention humaine et améliorant la satisfaction globale des utilisateurs.

10.1.3 Analyse prédictive

L'analyse prédictive basée sur l'IA permet aux concepteurs d'anticiper les besoins des utilisateurs et de fournir des informations, des recommandations et des actions contextuellement pertinentes. Par exemple, les algorithmes d'IA peuvent analyser les entrées des utilisateurs et générer des suggestions appropriées, ce qui rend les fonctionnalités de saisie semi-automatique et de vérification orthographique plus précises et réactives.

L'analyse prédictive peut également aider les concepteurs UX à identifier les modèles de comportement des utilisateurs et à découvrir des informations qui permettent de prendre de meilleures décisions de conception. Les algorithmes d'IA peuvent détecter les tendances, les préférences et les points faibles, fournissant des informations précieuses qui informent les itérations de conception ultérieures.

10.1.4 Processus de conception automatisés

L'IA transforme également la façon dont les concepteurs travaillent en automatisant les tâches de conception fastidieuses et chronophages. Les outils de conception générative permettent aux concepteurs d'explorer rapidement un vaste éventail de possibilités de conception, tandis que les assistants de conception pilotés par l'IA peuvent offrir des commentaires en temps réel sur les décisions de conception ou même suggérer des améliorations potentielles.

Ces processus automatisés peuvent libérer plus de temps pour que les concepteurs se concentrent sur des tâches stratégiques et créatives de niveau supérieur, permettant finalement des solutions de conception plus innovantes et centrées sur l'utilisateur.

10.1.5 Conception accessible

L'IA a le potentiel d'améliorer l'expérience utilisateur pour les utilisateurs handicapés en simplifiant les interactions complexes et en rendant les produits et services numériques plus accessibles. Les outils alimentés par l'IA peuvent adapter les interfaces en fonction des besoins, des préférences et des capacités des utilisateurs, garantissant ainsi que les produits numériques sont accessibles à une grande variété d'utilisateurs.

Par exemple, l'IA peut être utilisée pour transformer un contenu textuel en parole pour les utilisateurs malvoyants, ou pour générer des descriptions de texte alternatif significatives pour les images. Les fonctionnalités d'accessibilité basées sur l'IA encouragent les concepteurs à donner la priorité à la conception inclusive, ce qui se traduit par des expériences plus agréables pour tous.

10.1.6 Éthique et préjugés dans l'expérience utilisateur basée sur l'IA

Bien que l'IA présente une myriade d'opportunités pour améliorer la conception UX, il est essentiel que les concepteurs soient conscients des considérations éthiques qui surviennent lors de l'utilisation des technologies d'IA. Des biais peuvent être introduits par inadvertance dans les algorithmes d'IA par le biais de données de formation ou par un manque de diversité dans les équipes de conception. Les concepteurs doivent s'assurer que les technologies d'IA sont conçues et mises en œuvre d'une manière qui respecte la vie privée des utilisateurs et qu'elles favorisent l'équité et des expériences inclusives pour tous les utilisateurs.

En conclusion, l'intégration de l'IA dans la conception UX présente une opportunité passionnante pour les concepteurs d'optimiser et de personnaliser les expériences utilisateur. En restant informés des avancées des technologies d'IA et en comprenant leurs implications potentielles, les concepteurs UX peuvent créer des solutions innovantes et centrées sur l'utilisateur qui façonnent l'avenir des expériences numériques.

10.2 L'émergence de nouveaux paradigmes d'interaction

Alors que le domaine de la conception de l'expérience utilisateur (UX) continue d'évoluer, nous assistons à l'émergence de nouveaux paradigmes d'interaction qui promettent de redéfinir la relation entre les utilisateurs et la technologie. Influencés par les progrès rapides de l'intelligence artificielle, de la réalité virtuelle et augmentée, de la biotechnologie, etc., ces paradigmes prometteurs remettent en question les approches et principes de conception antérieurs. Dans cette section, nous explorerons ces paradigmes d'interaction émergents et comment ils façonnent l'avenir de la conception UX.

10.2.1 Interface utilisateur vocale et conversationnelle

Avec l'avènement des assistants vocaux personnels tels que Google Assistant, Amazon Alexa et Siri d'Apple, les interfaces utilisateur (UI) vocales et conversationnelles sont devenues monnaie courante. Plutôt que de cliquer ou d'appuyer pour interagir avec un système, les utilisateurs peuvent désormais parler à leurs appareils et recevoir des réponses via le traitement du langage naturel. Ce paradigme d'interaction permet une expérience plus humaine et accessible, en particulier pour les personnes ayant une déficience visuelle ou des limitations physiques.

La conception d'interfaces utilisateur vocales et de conversation va au-delà de la conception d'écran traditionnelle et nécessite une compréhension approfondie du langage naturel, du contexte et des attentes des utilisateurs. Contrairement aux interfaces utilisateur traditionnelles, avec des repères visuels et des possibilités physiques, les interfaces utilisateur conversationnelles reposent sur la capacité de l'utilisateur à se souvenir des interactions passées et des nuances de contexte. Les concepteurs doivent équilibrer la fourniture de commentaires appropriés, la gestion des erreurs et l'adaptabilité aux diverses entrées de l'utilisateur.

10.2.2 Réalité virtuelle et augmentée

Les technologies de réalité virtuelle (VR) et de réalité augmentée (AR) ont non seulement transformé les industries du jeu et du divertissement, mais ont également introduit de nouveaux paradigmes d'interaction pour diverses applications. Grâce à ces technologies, les utilisateurs peuvent désormais interagir avec des objets et des environnements virtuels de manière plus intuitive et immersive.

La conception pour la réalité virtuelle et la réalité augmentée fait appel à des considérations et à des principes de conception différents par rapport aux interfaces numériques traditionnelles. Par exemple, l'environnement tridimensionnel oblige les concepteurs à prendre en compte la conscience spatiale, la physique réaliste et le suivi du mouvement. De plus, le confort de l'utilisateur et la prévention du mal des transports deviennent des facteurs de conception cruciaux lorsqu'il s'agit de ces technologies immersives.

10.2.3 Interfaces biométriques et biosensorielles

Les interfaces biométriques et biosensorielles utilisent les caractéristiques biologiques uniques d'un individu, telles que les empreintes digitales ou la reconnaissance faciale, pour l'authentification et l'interaction. Ces interfaces sont de plus en plus répandues avec l'essor des appareils portables, des applications de santé et des systèmes de sécurité.

Concevoir des interfaces biométriques et biosensorielles ne consiste pas seulement à créer une expérience utilisateur transparente et sans friction, mais également à garantir la confidentialité, la sécurité et la fiabilité. Les concepteurs doivent réfléchir à la manière d'intégrer efficacement les données biométriques dans l'expérience utilisateur sans enfreindre les attentes de l'utilisateur en matière de confidentialité.

10.2.4 Retour haptique et interfaces tactiles

Le retour haptique et les interfaces tactiles sont devenus un aspect crucial de la conception pour de meilleures expériences utilisateur. En utilisant le toucher, la pression et les vibrations, ces interfaces peuvent transmettre des informations et un contexte plus efficacement que de simples signaux visuels ou auditifs.

Concevoir des retours haptiques et des interfaces tactiles nécessite une compréhension de la perception tactile humaine et de la manière dont différentes textures, matériaux et vibrations peuvent être utilisés pour communiquer des informations aux utilisateurs. Cela peut considérablement améliorer l'accessibilité pour les utilisateurs malvoyants et offrir une expérience plus immersive et engageante.

10.2.5 Interfaces cerveau-ordinateur

Une interface cerveau-ordinateur (BCI) établit un lien de communication direct entre le cerveau humain et les dispositifs externes. Cette technologie révolutionnaire ouvre des possibilités aux utilisateurs souffrant d'un handicap physique, car elle leur permet de contrôler les appareils par la pensée.

Concevoir pour la BCI nécessite une compréhension approfondie des neurosciences, de la psychologie cognitive et du comportement humain. Les concepteurs doivent tenir compte des implications éthiques de la capture et de l'interprétation des données cérébrales, en veillant à ce que les utilisateurs conservent leur autonomie et leur contrôle sur leurs actions.

10.2.6 IA émotionnellement intelligente

Alors que l'intelligence artificielle continue de progresser, l'attente d'interactions transparentes et humaines avec la technologie continue d'augmenter. L'IA émotionnellement intelligente peut comprendre et analyser les émotions d'un utilisateur et s'engager de manière appropriée dans les réponses, créant des expériences plus naturelles et empathiques.

La conception d'une IA émotionnellement intelligente implique la collecte et l'analyse de données liées aux émotions humaines, aux expressions faciales et aux signaux de langage. Cela nécessite également des considérations éthiques concernant la santé mentale et les avantages émotionnels de l'utilisateur, ainsi que les problèmes potentiels de manipulation et de confidentialité.

10.2.7 Interfaces utilisateur tangibles

Les interfaces utilisateur tangibles (TUI) sont des objets physiques qui représentent des informations numériques et permettent aux utilisateurs d'interagir avec des systèmes numériques à travers le monde physique. Les TUI comblent le fossé entre les domaines numérique et physique, invitant les utilisateurs à manipuler les données et à contrôler les logiciels via des objets tangibles et saisissables.

Concevoir des TUI implique de comprendre le comportement et les attentes des utilisateurs en matière de manipulation d'objets physiques, de penser de manière spatiale et tridimensionnelle et d'explorer la relation entre les affordances physiques et les systèmes numériques.

Conclusion

L'émergence de nouveaux paradigmes d'interaction a élargi la portée de la conception UX et introduit de nouveaux défis et opportunités. En tant que concepteurs, nous devons accepter et nous adapter à ces circonstances changeantes, nous perfectionner et reconnaître l'énorme potentiel que ces paradigmes émergents recèlent pour améliorer les expériences des utilisateurs. Alors que nous avançons vers un avenir axé sur l'innovation et l'évolution des technologies, notre capacité à concevoir des expériences utilisateur réfléchies, inclusives et percutantes continuera d'être primordiale.

10.3 Le rôle de la conception UX dans l'Internet des objets

Alors que nous continuons à adopter l'ère numérique en constante évolution, nous nous retrouvons constamment entourés d'une myriade d'appareils et de technologies qui s'intègrent parfaitement à notre vie quotidienne. Alors que le nombre de ces appareils continue de croître et que le monde se rapproche d'un écosystème entièrement connecté, nous assistons à un réseau interconnecté d'appareils numériques activé par l'Internet des objets (IoT).

L'IoT présente un défi unique pour la conception de l'expérience utilisateur (UX) et ce chapitre vise à faire la lumière sur les rôles et les responsabilités des concepteurs UX dans la navigation dans le domaine émergent des appareils connectés. Nous approfondirons les fondamentaux de l'IoT, ses tendances futures et la nécessité d'intégrer une approche de conception UX holistique et efficace.

Comprendre l'IoT et ses implications sur la conception UX

L'IoT peut être défini comme un système interconnecté où les objets du quotidien ont la capacité d'envoyer, de recevoir et de traiter des données via Internet. L'objectif principal de l'IoT est de créer un réseau intelligent de systèmes numériques qui communiquent efficacement entre eux pour permettre l'accessibilité, le partage et l'optimisation des processus.

En tant que concepteur UX, comprendre les principes fondamentaux de l'IoT devient crucial pour définir l'expérience utilisateur pour de tels environnements interconnectés, en veillant à ce que la conception reste optimale, utilisable et, surtout, significative. L'importance de la conception UX dans les écosystèmes IoT devient évidente lorsque l'on considère les complexités impliquées dans l'exploitation d'une multitude d'appareils avec des modèles d'interaction et des protocoles de communication variés.

Adopter une approche de conception inclusive

Contrairement à la conception UX / UI traditionnelle, qui se concentre principalement sur des interfaces et des plates-formes numériques distinctes, le paradigme de conception IoT englobe une gamme variée d'expériences, d'interactions et de systèmes qui incluent, mais sans s'y limiter, les maisons intelligentes, les appareils portables, les villes intelligentes et véhicules connectés. Par conséquent, la conception des expériences IoT devrait incarner une approche plus inclusive qui répond aux besoins, préférences et contextes d'utilisation spécifiques.

Pour y parvenir, les concepteurs UX doivent investir des efforts considérables dans la compréhension des interactions et des relations entre les appareils et les utilisateurs, en tenant compte des aspects environnementaux et sociaux qui peuvent avoir un impact sur l'expérience utilisateur. De plus, les concepteurs doivent se concentrer sur la prise en compte de plusieurs points de contact utilisateur, niveaux d'immersion et exigences d'accessibilité.

Tendances futures de la conception IoT UX

Alors que le paysage de l'IoT continue de s'étendre, nous pouvons nous attendre à assister à l'émergence de nouvelles tendances et avancées qui redéfiniront les expériences et les interactions des utilisateurs.

Interfaces vocales et traitement du langage naturel

Avec l'avènement des technologies de reconnaissance vocale et de traitement du langage naturel, les interactions vocales font désormais partie intégrante des expériences des utilisateurs de l'IoT. En tant que concepteur UX, il est essentiel de comprendre les nuances de la conception d'interfaces vocales, telles que le développement de commandes vocales fonctionnelles et contextuelles, la garantie que les interactions restent conviviales et la conception d'un mécanisme de rétroaction qui fournit des informations claires et concises. aux utilisateurs.

Réalités augmentées et virtuelles

L'IoT a le potentiel de mener des avancées dans les domaines de la réalité augmentée (AR) et de la réalité virtuelle (VR), permettant des expériences utilisateur hautement immersives, interactives et personnalisées. Les concepteurs UX doivent exploiter ces technologies pour créer des expériences qui redéfinissent les frontières entre les domaines numérique et physique.

Personnalisation et analyse prédictive

Dans les écosystèmes IoT, le volume croissant de données utilisateur offre aux concepteurs UX une opportunité d'explorer la personnalisation et l'analyse prédictive. Les concepteurs peuvent utiliser les données des utilisateurs pour personnaliser les expériences en fonction des préférences, des habitudes et des comportements des utilisateurs, facilitant ainsi une expérience transparente et adaptée au contexte.

Maîtriser le processus de conception UX dans l'IoT

Pour intégrer avec succès la conception UX dans les applications IoT, les concepteurs doivent adopter un processus de conception complet qui englobe différentes étapes de recherche, d'idéation, de validation et d'itération.

Recherche et sensibilisation au contexte

L'une des premières étapes cruciales du processus de conception IoT UX consiste à disséquer les besoins, les désirs et les motivations de l'utilisateur à travers une phase de recherche approfondie. Cela peut inclure la réalisation d'entretiens avec les utilisateurs, la réalisation d'une analyse de l'utilisabilité et l'extraction d'informations à partir de données existantes.

Conceptualisation et idéation

Dans cette étape, les concepteurs UX doivent générer une multitude d'idées et de concepts, en tenant compte des différents dispositifs interconnectés et des interactions impliquées. L'utilisation de scénarios, de parcours d'utilisateurs et de storyboards peut constituer un outil efficace pour organiser ces idées et visualiser leur contexte.

Prototypage et validation

Pour donner vie aux interactions et aux expériences IoT, les concepteurs UX doivent créer et tester des prototypes fonctionnels qui représentent les éléments de base et les fonctionnalités du système. Cette étape permet aux concepteurs de valider leurs hypothèses et d'obtenir les commentaires des utilisateurs pour affiner, itérer et améliorer la conception finale.

Mise en œuvre et évaluation

Une fois l'expérience IoT conçue et validée, les concepteurs UX doivent collaborer avec les développeurs, les ingénieurs et les parties prenantes pour assurer la mise en œuvre réussie de la conception. De plus, une surveillance, une évaluation et un raffinement continus peuvent garantir la durabilité d'une expérience utilisateur IoT agréable et attrayante.

En conclusion, alors que l'IoT continue de révolutionner la façon dont nous interagissons avec les systèmes et appareils numériques, le rôle de la conception UX devient de plus en plus vital pour façonner des expériences transparentes, intuitives et significatives. En adoptant une approche de conception inclusive, en restant informé des tendances émergentes et en maîtrisant un processus de conception complet, les concepteurs UX seront suffisamment préparés pour exceller dans le domaine de l'IoT.

10.4 L'avenir du travail à distance et de la collaboration

Alors que la technologie continue de progresser et que les marchés mondiaux deviennent plus connectés, le travail à distance a connu une croissance rapide ces dernières années. Il a été propulsé au premier plan des modèles de travail pendant la pandémie de COVID-19, ne montrant aucun signe de ralentissement. Avec de plus en plus de personnes choisissant de travailler à distance ou dans des capacités hybrides, l'avenir du travail et de la collaboration à distance sera dicté par les développements technologiques, l'adoption accrue d'outils numériques et l'évolution des attitudes envers les environnements de travail traditionnels. Les sections suivantes traitent des facteurs clés et des tendances qui joueront un rôle central dans l'élaboration de l'avenir du travail à distance et de la collaboration.

10.4.1 Progrès dans les outils de communication et de collaboration

La clé d'un travail à distance et d'une collaboration réussis repose sur l'efficacité des outils de communication disponibles. Alors que la technologie continue d'évoluer, il est crucial pour les entreprises de s'adapter et de fournir aux employés distants les outils numériques dont ils ont besoin. La réalité virtuelle (VR), la réalité augmentée (AR) et l'intelligence artificielle (IA) sont quelques-uns des domaines qui pourraient transformer la façon dont nous abordons le travail et la collaboration à distance.

- **Réalité virtuelle et réalité augmentée** : Ces technologies pourraient faire partie intégrante du travail à distance, permettant aux employés de travailler ensemble dans des bureaux virtuels ou des salles de réunion, ce qui favorise un sentiment de présence et de camaraderie malgré la séparation physique. Les plates-formes de réalité virtuelle comme Spatial ont déjà fait des progrès dans la fourniture d'environnements de réunion immersifs, et nous pouvons nous attendre à de nouvelles avancées dans les années à venir.
- **Intelligence artificielle** : les outils alimentés par l'IA tels que les chatbots, les services de traduction et les assistants virtuels pourraient aider à automatiser les tâches de routine et à améliorer la communication d'équipe. Par exemple, l'analyse de texte basée sur l'IA peut aider à gérer l'afflux massif d'informations et

présenter des informations pertinentes, tandis que les chatbots alimentés par l'IA peuvent gérer les requêtes de routine ou même planifier des réunions.

10.4.2 Nomades numériques et politiques de travail à partir de n'importe où

L'un des changements les plus importants résultant du travail à distance est l'essor des nomades numériques, des employés qui peuvent travailler de n'importe où avec une connexion Internet stable. Alors que de plus en plus de professionnels évoluent vers des postes de travail de n'importe où, les entreprises devront adopter des politiques plus flexibles qui permettent aux employés de s'acquitter de leurs responsabilités professionnelles tout en profitant de la liberté d'un mode de vie nomade.

- **Mettre l'accent sur les résultats, pas sur l'emplacement** : les organisations devront mettre davantage l'accent sur les performances et les résultats des employés, plutôt que sur leur lieu de travail. Ce pivot nécessitera d'affiner les mesures de performance et les méthodologies d'évaluation qui reflètent avec précision les contributions et les réalisations des employés distants.
- **Accès aux espaces de coworking** : Le développement des espaces de coworking continuera de croître, offrant aux employés distants un éventail d'options pour accéder à des environnements de travail fiables, des équipements professionnels et des opportunités de réseautage. Les partenariats émergents entre les entreprises et les fournisseurs de

coworking peuvent offrir aux employés une gamme d'emplacements à partir desquels travailler, tant au niveau national qu'international.

10.4.3 Acquisition de talents et rétention des employés

Le travail à distance offre aux entreprises la possibilité de puiser dans un vivier de talents plus diversifié, car les contraintes géographiques traditionnellement liées au recrutement ne constituent plus un obstacle important. Le travail à distance affecte également la rétention, car les employés recherchent des rôles qui offrent des accords de travail et de collaboration flexibles.

- **Acquisition de talents à l'échelle mondiale** : à mesure que les entreprises mettent en œuvre des politiques de travail à distance, elles peuvent étendre leurs efforts de recrutement pour accéder aux talents internationaux. Cette stratégie peut offrir aux entreprises un avantage concurrentiel en intégrant des personnes qui apportent des perspectives, des compétences et des expériences uniques à l'équipe.
- **Rétention des employés** : Attirer et retenir les employés sera de plus en plus lié à des options de travail flexibles, car le travail à distance devient un avantage professionnel très recherché. Les entreprises qui adoptent les opportunités de travail à distance bénéficieront d'un engagement et d'une satisfaction des employés plus forts, ce qui peut entraîner une réduction du roulement du personnel et une amélioration de la productivité.

10.4.4 Conciliation travail-vie personnelle et santé mentale

Le travail à distance permet aux professionnels d'atteindre un meilleur équilibre entre vie professionnelle et vie privée en évitant les longs trajets, en offrant plus de temps en famille et en promouvant des modes de vie plus sains. À leur tour, les organisations doivent donner la priorité à la santé mentale et au bien-être des employés en tant qu'éléments essentiels du travail à distance.

- **Établir des liens sociaux** : les employeurs devront répondre aux préoccupations liées à l'impact du travail à distance sur les liens sociaux des employés. Des activités et des événements réguliers de consolidation d'équipe, qu'ils soient virtuels ou en personne, peuvent aider à combler le fossé et à maintenir une culture d'entreprise forte.
- **Soutenir la santé mentale** : Le travail à distance peut exacerber les sentiments d'isolement, d'épuisement professionnel ou de déconnexion. À ce titre, les organisations devraient fournir un soutien et des ressources en santé mentale accessibles aux employés éloignés.

10.4.5 L'évolution des espaces de bureaux

La réinvention des espaces de bureau jouera un rôle important dans l'avenir du travail à distance et de la collaboration. Alors qu'un plus grand nombre d'employés choisissent de travailler à distance à temps plein ou à temps partiel, les entreprises devront adopter des approches innovantes pour concevoir des espaces de bureau qui répondent à divers styles de travail.

- **Aménagements de bureau flexibles** : les espaces de travail devront être plus adaptables pour accueillir les employés distants lorsqu'ils se déplacent entre le travail au bureau et le travail à distance. Des aménagements de mobilier flexibles, des postes de travail privés et des espaces collaboratifs ouverts deviendront essentiels pour créer un environnement de travail polyvalent et inclusif.
- **Concentrez-vous sur la collaboration** : étant donné que le travail de routine peut être effectué à distance, les espaces de bureau peuvent pivoter pour faciliter la collaboration, les liens d'équipe et les interactions en face à face essentielles pour favoriser l'innovation, la créativité et la résolution de problèmes.

En conclusion, l'avenir du travail à distance et de la collaboration sera façonné par les avancées technologiques, les changements de politiques et les tendances de travail émergentes, convergeant finalement vers un paysage de travail mondial plus flexible, innovant et connecté. Les organisations qui adoptent et s'adaptent à ces changements seront bien placées pour prospérer dans un monde de plus en plus numérique et indépendant de l'emplacement.

Chapitre 10.5 - Se préparer aux défis et opportunités à venir

Se préparer aux futurs défis et possibilités est essentiel à la maîtrise de la conception UX. Dans ce domaine en évolution rapide, il est essentiel d'être conscient des nouvelles technologies, des tendances et des changements potentiels qui peuvent avoir un impact sur la façon dont les utilisateurs interagissent avec les produits numériques et physiques. En comprenant ces changements, vous comprendrez mieux comment votre travail peut aider à répondre aux besoins et aux désirs des gens, tout en vous assurant que vos projets restent agréables, engageants et pertinents.

Dans ce chapitre, nous explorerons certains des principaux problèmes et opportunités auxquels vous pouvez vous attendre à faire face dans le monde de la conception UX à mesure que vous continuez à grandir et à apprendre. Nous vous donnerons ensuite un aperçu de certaines des stratégies et techniques les plus efficaces que vous pouvez utiliser pour garder une longueur d'avance sur le terrain, même lorsque le sol se déplace sous vos pieds.

A. TENDANCES FUTURES : LES FORCES FORMATEURS

Certains des changements les plus importants dans la conception UX proviendront de diverses avancées technologiques qui déclenchent de nouveaux modes d'interaction. Lorsque vous planifiez l'avenir, tenez compte de ces tendances clés :

A.1. Intelligence artificielle (IA) et apprentissage automatique

L'IA et l'apprentissage automatique sont sur le point de remodeler la conception UX en analysant d'énormes quantités de données et en comprenant le comportement des utilisateurs en temps réel. Cela peut permettre aux concepteurs UX de créer des expériences adaptatives et personnalisées qui sont vraiment uniques pour chaque utilisateur. Pour vous préparer à l'importance croissante de l'IA, envisagez d'en savoir plus sur cette technologie et de l'intégrer à votre boîte à outils de conception.

A.2. Interfaces vocales et gestuelles

Alors que les appareils numériques deviennent plus omniprésents et moins dépendants des méthodes de saisie traditionnelles telles que les claviers et les écrans tactiles, les concepteurs doivent adopter de nouvelles méthodes d'interaction comme le contrôle de la voix et des gestes. Ces interfaces permettront aux utilisateurs de communiquer avec les appareils de manière plus humaine, offrant une expérience plus intuitive et agréable.

A.3. Réalité Augmentée et Virtuelle (AR/VR)

Les technologies AR et VR continuent de mûrir et offrent de nouvelles façons d'intégrer les expériences numériques dans la vie quotidienne des utilisateurs. Les concepteurs devront adapter leurs compétences pour inclure la conception d'environnements immersifs, mélangeant des espaces physiques et numériques pour créer des expériences utilisateur fluides.

A.4. L'Internet des objets (IdO)

L'IoT - dans lequel les objets du quotidien sont intégrés avec des capteurs et une connectivité - facilitera des niveaux sans précédent de collecte de données et d'interaction à distance entre les utilisateurs et leurs environnements. Les concepteurs UX devront comprendre comment créer et gérer des expériences connectées qui tirent parti de ce riche écosystème de données tout en garantissant la sécurité et la confidentialité.

B. NAVIGUER DANS LES DÉFIS

Les nouvelles tendances s'accompagnent de nouveaux obstacles pour les concepteurs UX. Voici quelques stratégies pour vous aider à surmonter ces obstacles et à capitaliser sur les technologies émergentes :

B.1. Adoptez la collaboration et le travail interdisciplinaire

À mesure que le domaine de la conception UX évolue, il s'entremêle de plus en plus avec d'autres disciplines, telles que l'IA, l'analyse de données, le design industriel et la psychologie. En recherchant des opportunités de collaboration et en apprenant de nouvelles perspectives dans ces domaines connexes, vous serez mieux placé pour créer des solutions innovantes qui répondent à un éventail de plus en plus diversifié de besoins et de désirs des utilisateurs.

B.2. Développer un état d'esprit d'apprentissage

Le maintien d'un état d'esprit d'apprentissage proactif axé sur l'amélioration continue vous permettra de rester à jour avec les tendances et les technologies émergentes. En assistant régulièrement à des conférences, des ateliers et des webinaires, en lisant des publications de l'industrie et en réseautant avec d'autres professionnels, vous acquerrez une meilleure compréhension de l'évolution du paysage et de la manière d'adapter votre propre travail en conséquence.

B.3. Cultiver l'empathie et la conscience éthique

Alors que les nouvelles technologies imprègnent de plus en plus tous les aspects de nos vies, il est essentiel de donner la priorité à la confidentialité, à la sécurité et au bien-être général des utilisateurs. En favorisant une approche empathique et éthique de la conception UX, vous vous assurerez que votre travail est responsable et favorise des impacts sociaux et culturels positifs.

B.4. S'adapter aux nouveaux outils et techniques

Connaître les outils et techniques de pointe vous permettra de créer des conceptions UX de classe mondiale qui capitalisent sur les dernières avancées technologiques. À mesure que le domaine évolue, il est essentiel de garder une longueur d'avance et d'investir du temps et des efforts dans la maîtrise de nouveaux logiciels, plates-formes et méthodologies.

C. SAISIR LES OPPORTUNITÉS

Au cœur de la conception UX se trouve la capacité d'anticiper et de répondre aux besoins et désirs émergents. Alors que vous continuez à perfectionner vos compétences et à vous préparer pour l'avenir, envisagez ces stratégies pour vous aider à découvrir de nouvelles opportunités de croissance, de développement et de réussite professionnelle :

C.1. Restez curieux et ouvert à l'expérimentation

Maintenir un sens de la curiosité et de la volonté d'expérimenter est crucial pour garder une longueur d'avance dans la conception UX. Utilisez des projets personnels, des hackathons ou des laboratoires d'innovation pour tester de nouvelles idées, apprendre de vos échecs et finalement découvrir des solutions novatrices et inspirantes qui repoussent les limites de ce qui est possible.

C.2. Développer un portefeuille de conception qui reflète les tendances futures

Avoir un portefeuille diversifié et polyvalent qui met en valeur votre maîtrise des tendances et technologies UX émergentes sera inestimable pour votre croissance professionnelle. Assurez-vous d'inclure des projets qui mettent en valeur votre expérience en IA, AR/VR, IoT ou d'autres approches de conception tournées vers l'avenir.

C.3. Cherchez du mentorat et du soutien

Pour prospérer dans le monde en constante évolution de la conception UX, il est essentiel d'avoir un solide réseau de mentors et de pairs qui peuvent offrir des conseils, du soutien et de l'inspiration. En recherchant et en entretenant des relations avec des designers, des chercheurs et des technologues expérimentés, vous obtiendrez des informations, des perspectives et des opportunités de croissance inestimables.

C.4. Contribuer à la communauté UX

Participer à la communauté UX plus large - y compris les rencontres locales, les forums en ligne et les événements de l'industrie - vous permettra de partager vos connaissances, d'affiner vos compétences et d'établir des liens significatifs avec des professionnels partageant les mêmes idées. En redonnant à la communauté, vous vous forgerez également une réputation de praticien UX compétent et engagé.

En conclusion, les défis et opportunités à venir dans le monde de la conception UX sont vastes et variés. Adopter les nouvelles technologies, tendances et méthodologies tout en restant concentré sur l'empathie, l'éthique et la collaboration sera essentiel alors que vous vous préparez à affronter l'avenir de front. En adoptant une approche proactive de l'apprentissage, de l'expérimentation et de l'engagement communautaire, vous serez bien équipé pour naviguer dans un paysage en évolution rapide et continuer à créer des expériences utilisateur exceptionnelles qui repoussent les limites du possible.

Clause de non-responsabilité :

Clause de non-responsabilité relative au contenu assisté par l'IA :

Le contenu de ce livre a été généré avec l'aide de modèles de langage d'intelligence artificielle (IA) comme CHatGPT et Llama. Bien que des efforts aient été faits pour assurer l'exactitude et la pertinence des informations fournies, l'auteur et l'éditeur ne donnent aucune garantie quant à l'exhaustivité, la fiabilité ou l'adéquation du contenu à un usage spécifique. Le contenu généré par l'IA peut contenir des erreurs, des inexactitudes ou des informations obsolètes, et les lecteurs doivent faire preuve de prudence et vérifier indépendamment toute information avant de s'y fier. L'auteur et l'éditeur ne peuvent être tenus responsables des conséquences découlant de l'utilisation ou de la confiance accordée au contenu généré par l'IA dans ce livre.

Clause de non-responsabilité générale :

Nous utilisons des outils de génération de contenu pour créer ce livre et obtenons une grande partie du matériel à partir d'outils de génération de texte. Nous mettons à disposition du matériel et des données financières par le biais de nos Services. Pour ce faire, nous nous appuyons sur une variété de sources pour recueillir ces informations. Nous pensons qu'il s'agit de sources fiables, crédibles et exactes. Cependant, il peut arriver que les informations soient incorrectes. NOUS NE FAISONS AUCUNE REVENDICATION OU REPRÉSENTATION QUANT À L'EXACTITUDE, L'EXHAUSTIVITÉ OU LA VÉRITÉ DE TOUT MATÉRIEL CONTENU DANS NOTRE livre. NOUS NE SERONS PAS

RESPONSABLES DES ERREURS, DES INEXACTITUDES OU
DES OMISSIONS, ET DÉCLINONS SPÉCIFIQUEMENT
TOUTE GARANTIE IMPLICITE OU DE QUALITÉ
MARCHANDE OU D'ADÉQUATION À UN USAGE
PARTICULIER ET NE SERONS EN AUCUN CAS
RESPONSABLES DE TOUTE PERTE DE PROFIT OU DE
TOUT AUTRE DOMMAGE COMMERCIAL OU MATÉRIEL, Y
COMPRIS, MAIS SANS S'Y LIMITER À DES DOMMAGES
SPÉCIAUX, ACCESSOIRES, CONSÉCUTIFS OU AUTRES ;
OU POUR DES RETARDS DANS LE CONTENU OU LA
TRANSMISSION DES DONNÉES SUR NOTRE livre, OU
QUE LE LIVRE SERA TOUJOURS DISPONIBLE.

En plus de ce qui précède, il est important de noter que
les modèles de langage comme ChatGPT sont basés sur
des techniques d'apprentissage en profondeur et ont été
formés sur de grandes quantités de données textuelles
pour générer un texte de type humain. Ces données
textuelles incluent une variété de sources telles que des
livres, des articles, des sites Web et bien plus encore. Ce
processus de formation permet au modèle d'apprendre
des modèles et des relations dans le texte et de générer
des sorties cohérentes et adaptées au contexte.

Les modèles de langage comme ChatGPT peuvent être
utilisés dans une variété d'applications, y compris, mais
sans s'y limiter, le service client, la création de contenu
et la traduction linguistique. Dans le service client, par
exemple, les modèles linguistiques peuvent être utilisés
pour répondre rapidement et avec précision aux
demandes des clients, libérant ainsi des agents humains
pour gérer des tâches plus complexes. Dans la création
de contenu, les modèles de langage peuvent être utilisés
pour générer des articles, des résumés et des légendes,
ce qui permet aux créateurs de contenu d'économiser du
temps et des efforts. Dans la traduction linguistique, les

modèles linguistiques peuvent aider à traduire un texte d'une langue à une autre avec une grande précision, contribuant ainsi à éliminer les barrières linguistiques.

Il est important de garder à l'esprit, cependant, que même si les modèles de langage ont fait de grands progrès dans la génération de texte de type humain, ils ne sont pas parfaits. Il existe toujours des limites à la compréhension du modèle du contexte et de la signification du texte, et il peut générer des sorties incorrectes ou offensantes. En tant que tel, il est important d'utiliser les modèles de langage avec prudence et de toujours vérifier l'exactitude des sorties générées par le modèle.

Avis de non-responsabilité financière

Ce livre est dédié à vous aider à comprendre le monde de l'investissement en ligne, à éliminer toutes les craintes que vous pourriez avoir au début et à vous aider à choisir de bons investissements. Notre objectif est de vous aider à prendre le contrôle de votre bien-être financier en vous offrant une solide éducation financière et des stratégies d'investissement responsable. Cependant, les informations contenues dans ce livre et dans nos services sont fournies à titre d'information générale et à des fins éducatives uniquement. Il ne vise pas à remplacer les conseils juridiques, commerciaux et/ou financiers d'un professionnel agréé. L'activité d'investissement en ligne est une question compliquée qui nécessite une diligence raisonnable financière sérieuse pour chaque investissement afin de réussir. Il vous est fortement conseillé de rechercher les services de professionnels qualifiés et compétents avant de vous engager dans tout investissement susceptible d'avoir un impact sur vos finances. Ces informations sont fournies par ce livre, y compris la façon dont il a été créé, collectivement appelés les « Services ».

Soyez prudent avec votre argent. N'utilisez que des stratégies dont vous comprenez les risques potentiels et que vous êtes à l'aise de prendre. Il est de votre responsabilité d'investir judicieusement et de protéger vos informations personnelles et financières.

Nous croyons que nous avons une grande communauté d'investisseurs qui cherchent à réussir et à s'entraider pour réussir financièrement grâce à l'investissement. En conséquence, nous encourageons les gens à commenter sur notre blog et peut-être à l'avenir sur notre forum. De nombreuses personnes contribueront à cette question, cependant, il y aura des moments où des personnes fourniront des informations trompeuses, trompeuses ou incorrectes, involontairement ou autrement.

Vous ne devez JAMAIS vous fier aux informations ou opinions que vous lisez sur ce livre, ou sur tout livre auquel nous pourrions être lié. Les informations que vous lisez ici et dans nos services doivent être utilisées comme point de départ pour votre PROPRE RECHERCHE dans diverses entreprises et stratégies d'investissement afin que vous puissiez prendre une décision éclairée sur où et comment investir votre argent.

NOUS NE GARANTISSONS PAS LA VÉRACITÉ, LA FIABILITÉ OU L'EXHAUSTIVITÉ DES INFORMATIONS FOURNIES DANS LES COMMENTAIRES, LE FORUM OU D'AUTRES ESPACES PUBLICS DU livre OU DANS TOUT HYPERLIEN APPARAISSANT SUR NOTRE livre.

Nos services sont fournis pour vous aider à comprendre comment prendre de bonnes décisions d'investissement et de finances personnelles pour vous-même. Vous êtes seul responsable des décisions d'investissement que vous prenez. Nous ne serons pas responsables des erreurs ou omissions sur le livre, y compris dans les articles ou les publications, pour les hyperliens intégrés dans les messages, ou pour tout résultat obtenu à partir de l'utilisation de ces informations. Nous ne serons pas non plus responsables de toute perte ou dommage, y compris les dommages indirects, le cas échéant, causés par la confiance d'un lecteur dans toute information obtenue grâce à l'utilisation de nos Services. Veuillez ne pas utiliser notre livre si vous n'acceptez pas l'auto-responsabilité de vos actions.

La Securities and Exchange Commission (SEC) des États-Unis a publié des informations supplémentaires sur la cyberfraude pour vous aider à la reconnaître et à la combattre efficacement. Vous pouvez également obtenir une aide supplémentaire sur les programmes d'investissement en ligne et sur la manière de les éviter dans les livres suivants : http://www.sec.gov et http://www.finra.org, et http://www.nasaa.org ce sont chacune des organisations mises en place pour aider à protéger les investisseurs en ligne.

Si vous choisissez d'ignorer nos conseils et de ne pas faire de recherche indépendante sur les diverses industries, entreprises et actions, vous avez l'intention d'investir et de vous fier uniquement aux informations, «conseils» ou opinions trouvées dans notre livre - vous reconnaissez que vous avez fait une décision consciente et personnelle de votre plein gré et n'essayera pas de nous tenir responsables des résultats de celle-ci en aucune circonstance. Les services offerts ici ne visent pas à agir en tant que votre conseiller en placement personnel. Nous ne connaissons pas tous les faits pertinents vous concernant et/ou vos besoins individuels, et nous ne déclarons ni ne prétendons que l'un de nos Services est adapté à vos besoins. Vous devriez vous adresser à un conseiller en placement inscrit si vous recherchez des conseils personnalisés.

Liens vers d'autres sites. Vous pourrez également créer des liens vers d'autres livres de temps à autre, via notre site. Nous n'avons aucun contrôle sur le contenu ou les actions des livres auxquels nous sommes liés et ne serons pas responsables de tout ce qui se produit en relation avec l'utilisation de ces livres. L'inclusion de tout lien, sauf indication contraire expresse, ne doit pas être considérée comme une approbation ou une recommandation de ce livre ou des opinions qui y sont exprimées. Vous, et vous seul, êtes responsable de faire votre propre diligence raisonnable sur tout livre avant de faire affaire avec eux.

Avis de non-responsabilité et limitations : en aucun cas, y compris, mais sans s'y limiter, la négligence, nous, ni nos partenaires, le cas échéant, ni l'un de nos affiliés, ne serons tenus responsables ou redevables, directement ou indirectement, de toute perte ou dommage, quel qu'il soit, résultant de de ou en relation avec l'utilisation de nos Services, y compris, sans s'y limiter, les dommages directs, indirects, consécutifs, inattendus, spéciaux, exemplaires ou autres pouvant en résulter, y compris, mais sans s'y limiter, les pertes économiques, les blessures, la maladie ou le décès ou tout tout autre type de perte ou de dommage, ou de réactions inattendues ou indésirables aux suggestions contenues dans le présent document ou qui vous sont autrement causés ou qui vous auraient été causés en relation avec votre utilisation de tout conseil, bien ou service que vous recevez sur le Site, quelle qu'en soit la source, ou tout autre livre que vous avez pu visiter via des liens de notre livre, même si vous avez été informé de la possibilité de tels dommages.

La loi applicable peut ne pas autoriser la limitation ou l'exclusion de responsabilité ou de dommages indirects ou consécutifs (y compris, mais sans s'y limiter, la perte de données), de sorte que la limitation ou l'exclusion ci-dessus peut ne pas s'appliquer à vous. Cependant, en aucun cas la responsabilité totale de notre part envers vous pour tous les dommages, pertes et causes d'action (qu'elles soient contractuelles, délictuelles ou autres) ne dépassera le montant que vous nous avez payé, le cas échéant, pour l'utilisation de notre Services, le cas échéant. Et en utilisant notre Site, vous acceptez expressément de ne pas essayer de nous tenir responsables des conséquences résultant de votre utilisation de nos Services ou des informations qui y sont fournies, à tout moment ou pour quelque raison que ce soit, quelles que soient les circonstances.

Clause de non-responsabilité relative aux résultats spécifiques. Nous nous engageons à vous aider à prendre le contrôle de votre bien-être financier par l'éducation et l'investissement. Nous proposons des stratégies, des opinions, des ressources et d'autres services spécialement conçus pour réduire le bruit et le battage médiatique afin de vous aider à prendre de meilleures décisions en matière de finances personnelles et d'investissement. Cependant, il n'y a aucun moyen de garantir qu'une stratégie ou une technique soit efficace à 100%, car les résultats varient selon les individus, ainsi que les efforts et l'engagement qu'ils déploient pour atteindre leur objectif. Et, malheureusement, nous ne vous connaissons pas. Par conséquent, en utilisant et/ou en achetant nos services, vous acceptez expressément que les résultats que vous recevez de l'utilisation de ces services ne dépendent que de vous. En outre, vous acceptez expressément que tous les risques d'utilisation et toutes les conséquences d'une telle utilisation soient à votre charge exclusive. Et que vous n'essayerez pas de nous tenir responsables à tout moment, et pour quelque raison que ce soit, quelles que soient les circonstances.

Comme stipulé par la loi, nous ne pouvons pas et ne faisons aucune garantie quant à votre capacité à obtenir des résultats particuliers en utilisant tout service acheté via notre livre. Rien sur cette page, notre livre ou l'un de nos services n'est une promesse ou une garantie de résultats, y compris que vous gagnerez une somme d'argent particulière ou, de l'argent du tout, vous comprenez également que tous les investissements comportent des risques et vous risquez en fait de perdre de l'argent en investissant. En conséquence, tous les résultats indiqués dans notre livre, sous forme de témoignages, d'études de cas ou autres, ne sont qu'illustratifs de concepts et ne doivent pas être considérés comme des résultats moyens ou des promesses de performances réelles ou futures.

www.ingramcontent.com/pod-product-compliance
Lightning Source LLC
Chambersburg PA
CBHW072134290526
45794CB00004B/1314